Originalausgabe
4. durchgesehene Auflage: Dezember 2010
© Edition Butterbrot
Rozsika Farkas
Clemensstraße 26
80803 München

Umschlagfotos:
© Rozsika Farkas
ISBN 978-3-9813469-0-9

www.armaberbio.de / *www.arm-aber-bio.de*

Rosa Wolff

Arm aber Bio!

Edition Butterbrot

Das Beste für alle

Dieses Buch ist keineswegs das erste, das sich mit der Frage beschäftigt, wie man trotz Geldmangels gut essen kann.

Soweit mir bekannt ist, ist es aber das erste, das nicht dazu aufruft, Zutaten möglichst billig bei Discountern zu ergattern, sondern ganz im Gegenteil dazu ermuntert, gezielt und ausschließlich solche Lebensmittel zu verwenden, die als besonders teuer gelten: Bio-Lebensmittel.

Das mag erst einmal verrückt klingen. Was dahinter steckt, hat aber nichts mit Irrsinn oder Anmaßung zu tun. Vielmehr steht dahinter die Überzeugung, dass es möglich sein muss, dass sich jeder gut und vollwertig ernähren kann – und dass Bio-Lebensmittel dazu am besten geeignet sind.

Ganz bestimmt möchte ich hier nicht jenen das Wort reden, die meinen, von Hartz IV ließe sich prächtig leben. Das ist nicht der Fall, wie mir während meines Selbstversuchs klar wurde. Ich habe es allerdings auch vorher nicht angenommen. Aber für viele – nicht nur für Hartz-IV-Empfänger, sondern auch für Studenten oder Ruheständler mit geringer Rente – ist das Budget für Lebensmittel denkbar knapp. Und vor allem: Für viele Familien reicht es kaum für das Nötigste.

Vierzig Prozent der Alleinerziehenden leben, mehr schlecht als recht, von Hartz IV. Das ist beklagenswerte Realität, und es wäre gut, das zu ändern. Aber solange es eben ist, wie es ist, gilt es, das Beste daraus zu machen. Kinder haben das Beste verdient, und das findet sich eher selten beim Discounter.

Aber ausgerechnet Bio-Lebensmittel, die sind doch soo teuer! Wirklich? Es hat mich schon immer geärgert, wenn ich aus dem Mund von Menschen, die dicke Autos fahren und kostspielige Reisen unternehmen, die sich edel kleiden und aufwendig einrichten, zu hören bekam, Bio sei ihnen »zu teuer«.

Denn ich kenne andere, mit geringem Einkommen, Krankenschwestern, Erzieher oder Freiberufler, die dem »kreativen Prekariat« zuzurechnen sind, die von dem wenigen Geld, das ihnen zur Verfügung steht, sehr wohl im Bio-Laden einkaufen.

Und irgendwie geht es ja auch tatsächlich. Es erfordert sehr viel Anstrengung, Aufmerksamkeit und Tüftelei, um es hinzubekommen. Wenn man sich aber erst einmal darauf einlässt, macht es auch Spaß und bringt Genuss. Zu wissen, dass die Zutaten, mit denen man kocht, von bester Qualität sind, vermittelt schon einmal ein gutes, beruhigendes Gefühl. Zu erleben, wie dann mit bescheidensten Mitteln leckere und gesunde Speisen entstehen, bereitet echte Befriedigung. Wenn Sie es ausprobieren möchten, werden Ihnen der folgende Erfahrungsbericht, die Rezepte und Tipps den Versuch hoffentlich erleichtern.

Krisen-Frühjahr 2009

Aus Washington schickt Obama freundliche Neujahrsgrüße nach Teheran.

In China müssen Tausende Wanderarbeiter ihre Arbeitsplätze in den Städten räumen und zurück in ihre Dörfer gehen, wo nichts als Armut auf sie wartet.

Europas Regierende treffen sich in Brüssel, um aus der Krise herauszufinden.

Deutschland wrackt ab.

Ein Münchner Verleger findet eine seiner Zeitschriften überflüssig und stellt sie nach zwölf Jahren ein.

In einem Schwabinger Arbeitszimmer klingelt das Telefon. Auf der Anruferseite die bis zu diesem Zeitpunkt leitende Redakteurin jenes Blattes. Auf der anderen Seite die freie Mitarbeiterin, also ich. »Ich habe heute deine Rechnung bezahlt«, spricht die Ex-leitende-Redakteurin, »war die letzte, das Blatt wird nicht weitergemacht«.

Nun ist es also passiert, meine Existenzgrundlage ist futsch. Kein aufsehenerregendes Ereignis im Weltgeschehen. Eine Lappalie, ein Nichts im Vergleich zu den Katastrophen der Welt. Für mich persönlich aber schlimm genug. Umso mehr, als ich als Freiberuflerin hart aufpralle. Kein Sozialplan fängt freie Journalisten auf, kein Arbeitslosengeld. Ersparnisse? Fehlanzeige. Wie viele meiner Kollegen bin ich immer schon auf Reserve gefahren.

Beruhigend ist immerhin, dass es in diesem Land dennoch ein soziales Netz für alle gibt, das zwar nicht übermäßig komfortabel ist, aber wenigstens jedem das Überleben sichert. Verhungern muss hier keiner, niemand erfrieren. Und auch ein Dach über dem Kopf ist im Prinzip für jeden drin.

Ein Job bei einem anderen Blatt? Aussichtslos in dieser Zeit des Blättersterbens. Journalisten gibt es derzeit im Dutzend billiger.

Jetzt gilt es, das Beste aus der Situation zu machen. Habe ich mir nicht in Momenten, in denen ich mich überarbeitet und ausgebrannt fühlte, schon mal gesagt: »Hartz IV beantragen und spazieren gehen, das wär's«? Nun, da dieser nicht ganz ernst gemeinte Wunsch Realität zu werden droht, erfasst mich ein Adrenalinstoß der eher herben Art.

Immerhin hatte ich ja auch nie wirklich versucht, diesen »Traum« auszuleben. Allzu bewusst war mir die Kehrseite. Kein Job, das würde voraussichtlich als erstes den Verlust der Wohnung bedeuten. Der Wohnung, in der ich seit vierzehn Jahren zur Miete wohne. In der mein Kind groß geworden ist. An der ich hänge und in der ich mich wohlfühle.

Davor, dass mir die 351 Euro *(seit 1. Juli 2009 sind es 359 Euro)*, die Vater Staat jedem alleinstehenden Bedürftigen zum Ausgeben genehmigt, nicht ausreichen könnten, hatte ich mich bis jetzt nicht so sehr gefürchtet.

Wohl fand ich den Auftritt Thilo Sarrazins, der in seiner Zeit als Berliner Finanzsenator der Öffentlichkeit vorrechnete, wie prächtig man von dem Regelsatz schlemmen könnte, und der gleich noch den Speiseplan für ein paar Tage mitlieferte, zynisch. Andererseits dachte ich (allzu?) selbstbewusst: Ich kann doch viel zu gut kochen, als das ich jemals schlecht essen müsste. Und selbstverständlich würde ich auch als am Existenzminimum Dahinkrebsende weiterhin überwiegend im Bioladen einkaufen.

Vielleicht sollte ich mir nun, da der Ernstfall näherrückt, die Aufstellungen mal genauer anschauen. Es ist an der Zeit, zu prüfen, ob nicht Vorstellung und Realität womöglich allzu weit auseinanderklaffen.

Im Internet finde ich eine Aufschlüsselung, in welche Ausgabepositionen jener berühmt-berüchtigte »Regelsatz« von 351 Euro aufgeteilt ist – und mir stockt der Atem. Fürs Essen sind gerade mal 132,71 Euro vorgesehen. Das macht pro Tag? Da die Monate unterschiedlich lang sind, rechne ich den Monatssatz mal zwölf und teile durch 365 und komme so auf einen durchschnittlichen Tagessatz von 4,35 Euro. Irgendwie hatte ich immer geglaubt, dass von dem Geld mindestens 200 Euro für Lebensmittel gedacht wären, dafür hätte ich's mir zugetraut. Aber 132,71?? Mir wird mulmig.

Aber jetzt will ich es erst recht wissen. Ein Selbstversuch ist fällig: Ich werde mich mit dem mageren Betrag von 132,71 Euro einen Monat lang ausschließlich mit »Naturkost« versorgen. Und mit ausreichend Obst und Gemüse, wie es Gesundheitsexperten empfehlen. Wird das klappen? Ist es möglich, sich vom Regelsatz mit Bio-Lebensmitteln zu ernähren?

Die Fragestellung mag seltsam anmuten, schließlich hat nicht mal Sparsenator Sarrazin behauptet, dass das möglich wäre. Ich finde allerdings: Es sollte möglich zu sein.

Was diese sonderbare Anspruchshaltung soll? Mal zurückgefragt: Wieso soll sich ein Hartz-IV-Bezieher grundsätzlich weniger gesund ernähren als andere Menschen? Weil er Geld von der Allgemeinheit bekommt?

Ein Grund mehr, das bescheidene Einkommen so zu verkonsumieren, dass es auch für die Gesellschaft als Ganzes verträglich ist. Bio-Lebensmittel tun ja nicht nur dem gut, der sie verspeist, sondern auch dem Rest der Menschheit. Mal abgesehen davon, dass die Gemeinschaft am Schluss für die ernährungsbedingten Krankheiten jener, die schlecht essen, aufkommen muss, fällt auch der ökologische Fußabdruck, von dem in diesen Tagen so viel die Rede ist, bei Bio-Lebensmitteln deutlich kleiner aus als bei konventionell erzeugten. Insofern sollte die Gesellschaft lebhaftes Interesse daran haben, das Existenzminimum so zu berechnen, dass ökologisch vertretbare Ernährung für jeden drin ist.

Zwar liegt der ökologische Fußabdruck eines Hartz-IV-Empfängers in der Regel weit unter dem eines wohlhabenden Bewohners der Bundesrepublik. Wer großspurig mit dem Porsche Cayenne beim Biobauern im Chiemgau vorfährt, um sich dort mit Öko-Fleisch einzudecken, das er dann im Garten seines schmucken Einfamilienhauses auf dem Grill brutzelt, der lebt auch ökologisch auf großem Fuß. Der mit kleinem Budget ausgestattete Empfänger von Transferleistungen lebt meist umweltverträglicher, selbst wenn ihm Bio schnuppe ist.

Extremes Beispiel: ein Nichtsesshafter. Selbst unterstellt, sein Umweltbewusstsein läge unter Null, steckt er mit seiner Ökobilanz noch die meisten Grün-Wähler in die Tasche. Denn er hat kein Auto, unternimmt keine Flugreisen und behelligt nicht mit seinen Öko-Trips den Regenwald in Costa Rica. Der Energieverbrauch für Heizung und Heißwasser liegt bei ihm weit unter dem Durchschnitt der Bevölkerung, die Menge der von ihm verwendeten Reinigungsmittel macht unseren Gewässern in denkbar geringem Ausmaß zu schaffen. Falls er sich bei den öffentlichen »Tafeln« ernährt, isst er das, was anderweitig nicht mehr verwertbar gewesen wäre. Und durch das Sammeln von Pfandflaschen, die andere achtlos stehen lassen, führt er Wiederverwendbares korrekt in den Kreislauf zurück.

Trotzdem ist selbstverständlich auch der Porschefahrer dafür zu loben, wenn er Fleisch vom Biobauern in der Nähe kauft. Denn für solche Steaks wird wenigstens kein Futter eingesetzt, das dort wächst, wo kostbarer Regenwald für öde Sojafelder abgeholzt wurde.

Übrigens: Jeder, ob Single oder Teil einer Großfamilie, Villenresident oder Plattenbaubewohner, ob er ein großes Auto fährt oder ein kleines Fahrrad, ist herzlich dazu eingeladen, aus den in diesem Buch ausgebreiteten Erfahrungen Nutzen zu ziehen und Rezepte auszuprobieren.

In erster Linie sind hier aber diejenigen angesprochen, die es nicht so dicke haben, die aber mehr tun wollen als bloß kein protziges Auto fahren und nicht im Urlaub ans andere Ende der Welt zu fliegen. Wer bei Aldi einkauft, weil er klamm ist, muss kein schlechtes Gewissen haben. Mag aber sein, dass er gerne bio äße, jedoch glaubt, er könne es sich nicht leisten. Für diesen Fall kann das vorliegende Buch Tipps liefern, wie es vielleicht doch geht. Probieren Sie es aus und tun sich selbst etwas Gutes!

Gestatten

Bevor es es richtig losgeht, sollte ich mich vielleicht erst einmal vorstellen. Ich lebe allein. Nein nicht ganz: Zwei Katzendamen leisten mir Gesellschaft, Mann und Sohn sind schon aus dem Haus. Das ist für die vorliegende Geschichte insofern bedeutsam, als die Verpflegung einer einzelnen Person am teuersten ist. Billige Großpackungen sind für eine Einzelperson in der Regel alles andere als preisgünstig.

Denn Obst, Gemüse, Fleisch, Käse, Wurst, Joghurt – alles läuft Gefahr, zu schimmeln, zu muffeln, zu welken oder zu vertrocknen, bevor es aufgebraucht ist. Selbst haltbare Produkte wie Mehl oder Haferflocken sind bei allzu langer Lagerung von Mottenfraß bedroht. Auch der Kochvorgang ist – auf die Personenzahl gerechnet – aufwendiger. Eine Kartoffel zu kochen oder deren zwei braucht ebenso viel Energie, wie wenn es sechs oder acht wären.

Ich lebe allein und ich lebe in München. Von den Kosten her ist das die denkbar ungünstigste Ausgangslage. Hier ist alles ein wenig teurer als anderswo. Das Wohnen sowieso. Und bedingt durch die hohen Mieten auch alles andere. Denn ob einer Schuhe oder Schokolade, Brillen oder Brezen verkauft, stets muss er über den Verkaufspreis die Miete wieder hereinbekommen.

Einst reimte Eugen Roth: »Vom Ernst des Lebens halb verschont ist der schon, der in München wohnt.« Heute gilt eher: Bei einem bundeseinheitlichen Hartz-IV-Satz ist man als Münchner/in, bayerisch gesprochen, der Depp. Meine Freundin Katja kauft Lebensmittel deshalb bevorzugt dann, wenn sie ihre Mutter ein Stück nördlich von München besucht. In den dortigen Bio-Hofläden, sagt sie, liegen die Preise um ein rundes Drittel unter denen in der Stadt. Ich komme nur selten raus und bezahle deshalb Münchner Preise. *(Eine andere Freundin, die im Münchner Speckgürtel wohnt, klagte allerdings, dass dort draußen, im Fünf-Seen-Land, die Preise noch höher lägen als in der Stadt.)*

Seit den frühen Achtzigern schreibe ich für Magazine, anfangs im

Bereich Kultur, überwiegend in Sachen Bildende Kunst. Trocken Brot und billiger Wein stellten die kulinarische Begleitmusik auf den zahlreichen Vernissagen. Nicht sehr befriedigend für eine, die sich sehr früh für feines Essen begeistert hat und als Zwölfjährige zwei Lieblingsautoren hatte: Karl May und Wolfram Siebeck. Aus dessen ersten Kochkursen, in einer großen deutschen Illustrierten veröffentlicht, kann ich noch heute Passagen auswendig rezitieren.

Als Korrespondentin für Münchner Kultur durfte ich Berichte an ein deutsches Nachrichtenmagazin liefern. Dort vollzog sich auch mein Themenwechsel hin zum Kulinarischen. Ach, wie habe ich es geliebt, von da an in den feinsten Häusern speisen zu dürfen und mit Kollegen über die Arbeit der Köche zu debattieren (»Fandest du den Hummer bei der Eröffnung des Lenbach nicht auch eine Spur zu faserig?«).

Restaurants habe ich getestet und mich gemüht, in wohlklingenden Formulierungen die wohlschmeckenden Kreationen der Köche zu beschreiben. Kochbücher habe ich verfasst und für Kochzeitschriften gearbeitet.

Und jetzt steht also als monatlicher Verpflegungssatz ein Betrag zur Verfügung, der in feinen Restaurants kaum für eine Mahlzeit für eine Person ausreicht. Da ich als Freiberuflerin aber schon manches finanzielle Tal durchwandert habe, fühle ich mich im Prinzip halbwegs fit beim Thema »Gut essen für wenig Geld«.

Trotzdem: »Ein Monat Bio für 132,71 Euro« ist für mich die bisher größte Herausforderung in dieser Richtung.

Ob ich ihr gewachsen sein werde?

1. Tag
Der Großeinkauf

Samstag, 2. Mai. Da mir der 1. Mai als Feiertag wenig sinnvoll erscheint, weil die Läden geschlossen haben und ich somit weniger leicht einen klaren Schnitt vollziehen kann, habe ich den Beginn auf den 2. Mai gelegt.

Ich bin ausgeschlafen und guter Dinge. Bevor ich ins Bad gehe, setze ich Wasser für den Tee auf – und schalte den Wasserkocher gleich wieder ab, als mir einfällt, dass der Tee ja erst eingekauft werden muss.

Denn ich fange bei Null an. Oder sagen wir mal: Fast bei Null. Alle haltbaren Lebensmittel werden weggeräumt, sind diesen Monat tabu. Ein paar Kleinigkeiten an verderblicher Ware sind allerdings noch da. Da es pervers wäre, sie einfach wegzuwerfen, werde ich sie in den nächsten Tagen verbrauchen. Das sind: ein halber Liter Sojamilch, eine Zitrone, eine Kiwi und eine halbe Ananas.

132,71 Euro liegen vor mir. Das ist die Summe, von der ich mich diesen Monat ernähren werde. Zumindest werde ich mir alle Mühe geben, genau das zu schaffen.

Ach ja, und ich werde diesen Monat ausschließlich Bio-Zutaten einkaufen. Ehrlich gesagt, bin ich sonst nicht ganz so streng. Vieles, vielleicht sogar das meiste, was ich sonst besorge, ist Bio – aber eben nicht alles. Bisher hatte ich durchaus manches, was mir im Biomarkt zu teuer schien, im Supermarkt geholt. Habe exotische Lebensmittel in Asia-Läden erstanden, ohne Rücksicht auf Bio, oder auch mal Kuchen beim »normalen« Bäcker gekauft.

Diesen Monat werde ich aber konsequent sein. Bio, sonst nichts. Ist das zu schaffen? Oder werde ich in der zweiten Monatshälfte nur noch Spaghetti mit Tomaten und Butterbrot essen können, wenn überhaupt?

Selbstverständlich werde ich mich nicht einladen lassen, und wenn es sich gar nicht vermeiden lässt, werde ich mich mit Gegeneinladungen – aus dem Budget – revanchieren. Alle offiziellen Einladungen für den Monat habe ich bereits abgesagt.

Inzwischen habe ich mir einiges an Vorschlägen zur Ernährung bei Ebbe in der Kasse zu Gemüte geführt. Nicht nur den Speiseplan von Thilo Sarrazin (s. S. 20/21), sondern auch Anregungen von kompetenterer Seite, nämlich Ratgeber von Betroffenen. Einige Hartz-IV-Empfänger haben nämlich schon versucht, aus der Not eine Tugend zu machen, und Rezeptesammlungen zusammengestellt. Manche davon sind liebevoll und sorgfältig gemacht.

Allen, die ich bisher gelesen habe, ist allerdings zweierlei gemeinsam: Zum einen, dass sie ihre Leser zum Discounter schicken. Beispielhaftes Zitat: »Günstige Ernährung setzt voraus, dass die Zutaten in Discountern gekauft werden.« Zum anderen kommen abenteuerliche Mengen an Fleisch und Wurst auf den Tisch. Häufig enthalten die Tagespläne morgens, mittags und abends Fleisch oder Wurst.

Da gibt es schon mal Gerichte (für zwei Personen), die 350 Gramm durchwachsenen Speck enthalten. Da steigen bereits beim Lesen Cholesterinspiegel und Blutdruck steil an. Das deckt sich nicht so recht mit meiner Vorstellung von gesundem Essen.

Es deckt sich im übrigen auch nicht mit jener der Deutschen Gesellschaft für Ernährung sowie der Deutschen Krebsgesellschaft, die dringend empfehlen, sich täglich fünf Portionen Obst und Gemüse einzuverleiben: 3-mal 125 g Gemüse und 2-mal 125 bis 150 Gramm Obst. Im Gegenzug raten sie, sich bei Fleisch/Wurst auf höchstens zwei Portionen pro Woche zu beschränken oder Fleisch gar nur noch, wie früher, als Sonntagsessen einzusetzen.

Das mit den fünf Obst- und Gemüseportionen möchte ich auch schaffen – obwohl mir schon schwant, dass ich mich damit endgültig an so etwas wie der Quadratur des Kreises versuche.

Nun aber los. Vor Einkäufen auf nüchternen Magen wird gewarnt, jetzt muss es sein. Das begrenzte Budget wird mich schon davor bewahren, unsinnig viel einzukaufen.

Der Naturkostladen, in dem ich auch sonst meist einkaufe, liegt wenige hundert Meter von meiner Wohnung entfernt. Ein kleines Schlaraffenland. Mit großer Auswahl an Obst und Gemüse, mit so vielen verschiedenen tollen Brotsorten, dass ich regelmäßig in Entscheidungsnot gerate. Mit einer Riesenkühltheke, in der neben allen Arten Milchprodukten auch vegane Spezialitäten wie Falafel oder würzige Tofu-Zubereitungen zur Wahl stehen.

Wo im Tiefkühlschrank allein vier verschiedene Sorten Blätterteig – Butter-Blätterteig (gibt es in »normalen« Läden nicht), Vollkornblätterteig, Dinkel- sowie veganer Blätterteig – auf Kundschaft warten. Dann die bestens sortierte Fleisch-, Wurst- und Käsetheke. Ganze Wände mit Keksen und Nudeln und Saucen und und und... Der Gedanke an mein begrenztes Budget entlockt mir einen leisen Seufzer.

Zielstrebig steuere ich das Tee-Regal an. Schnell wird mir klar: Auf meinen geliebten Earl-Grey-Tee werde ich in nächster Zeit verzichten müssen, zu teuer. Vielleicht ein Broken Assam? Der ist deutlich günstiger. Schließlich entdecke ich ganz oben, bei den Großpackungen, die »Indische Mischung«, 250 Gramm zu 4,79 Euro. Vielleicht komme ich damit über den Monat.

Mir wird bewusst, dass ich nicht die leiseste Ahnung habe, wieviel ich verbrauche. Gut wenigstens, dass ich Tee nicht so dick und pechschwarz trinke wie mein lieber Freund Toni, bei dem man immer meinen könnte, er habe fünffachen Espresso in der Teetasse. Mit dem zur Verfügung stehenden Budget wäre ein so exzessiver Teekonsum nicht finanzierbar.

Tee trinke ich immer mit Sojamilch, das habe ich mir in den letzten Jahren so angewöhnt. Sojaprodukte sollen ja für Frauen in gewissen Jahren besonders vorteilhaft sein. 1,19 Euro sind für den Liter fällig. Dann greife ich mir ein Paket Süßrahmbutter, Kostenpunkt 1,69 Euro.

Wieso nicht Margarine? Ist die nicht billiger? Ehrlich gesagt, ich weiß nicht, was Margarine kostet. Ich will es auch gar nicht wissen. Butter ist geschmacklich unschlagbar gut, und ein Brot nur mit Butter schmeckt – mir jedenfalls – allemal besser als eines mit Margarine und Käse oder Wurst. Butter adelt die einfachsten Zutaten, siehe Pellkartoffeln mit Butter.

Und: Ich mag keine Als-ob-Lebensmittel. Margarine wurde erfunden, um billigen Ersatz für die kostbare Butter zu schaffen. Von solchen Surrogaten bekomme ich Depressionen.

Weiter geht's mit Joghurt. Ich sehe, dass der ganz magere sehr günstig ist: 89 Cent im 500-Gramm-Pfandglas. Der vollfette Demeter-Joghurt kostet stattliche 1,29 Euro, der halbfette (1,8 Prozent Fett) ist nur ein Zehnerl billiger. Es ist also günstiger, selbst den fetten mit dem mageren zu mischen, als den halbfetten Joghurt zu nehmen. Mein Blick fällt auf den Joghurt im Plastikbecher, Vollmilchjoghurt, schlappe 89 Cent für 500 Gramm. Ich zögere zunächst und ich ärgere mich. Ärgere mich darüber, dass der Joghurt in der Wegwerfverpackung billiger ist als der im Pfandglas. Ich ärgere mich auch über mich selbst, dass ich schließlich gegen meine Überzeugung das Wegwerfprodukt wähle.

Aber 40 Cent Differenz – dafür kriege ich einen Apfel oder eine Tomate, mindestens, und es geht mir ja auch darum, ausreichend Obst und Gemüse zu bekommen. Doch gleicht die Argumentation nicht der, mit der andere ihren Gang zum Discounter begründen? Ich tröste mich damit, dass der Joghurt im Plastikbecher auch bio ist. Und gab es nicht schon Studien, die Kunststoffverpackungen ökologische Unbedenklichkeit bescheinigt haben?

Ist das die Möglichkeit: Ich bin beim allerersten Einkauf und merke schon, wie leicht korrumpierbar Überzeugungen sind, wie ich versuche, mir die Argumente so hinzudrehen, dass ich ohne schlechtes Gewissen zum billigeren Joghurt greifen kann.

In der Obst-Gemüse-Abteilung beschleichen mich erste Zweifel an meinem Vorhaben. Am günstigsten seien die Früchte der Saison, heißt es immer. Nun, es ist Mai, und die Früchte der Saison heißen Erdbeeren und Spargel. 7,99 Euro kostet ein Kilo weißer Spargel.

Der Preis ist keineswegs zu hoch, schließlich haben dafür im Morgengrauen Spargelstecher den Buckel krumm gemacht, einzeln die Stangen aus der Erde gebuddelt und vorsichtig herausgestochen; eine Arbeit, für die es viel Fingerspitzengefühl braucht. Vor Jahren habe ich es selbst mal für eine Spargel-Reportage ausprobiert und habe seither einen Heidenrespekt vor der mühevollen Arbeit. Doch so gerechtfertigt der Preis auch sein mag, mit einem Tagessatz von 4,35 Euro ist er nicht drin.

Auch Erdbeeren sind zu teuer. Der Mai mag ein wunderschöner Monat sein – lebensmitteltechnisch gehört er zu den schwierigeren, weil noch kaum etwas an frischen einheimischen Lebensmitteln da ist. Gleichzeitig sind typische Winterprodukte wie Orangen schon Mangelware.

Alles andere als saisongerecht suche ich mir zwei kleine Äpfel aus (71 Cent) und lege eine Kiwi in den Korb (die 29 Cent für jede Menge Vitamine scheinen mir gut angelegt). Eine Salatgurke ist für 1,49 Euro dabei, dazu zwei große Karotten (36 Cent), ein gutes Pfund Kartoffeln (81 Cent) und vier Zwiebeln (30 Cent). Ein halber roter Kohlkopf muss auch noch mit (93 Cent) und frischer Knoblauch.

Es gibt jungen Knoblauch zu 9,90 Euro das Kilo und den vom vergangenen Herbst für 7,90 Euro. In diesem Fall fällt die Entscheidung für das teurere Produkt leicht. Ich wähle eine kleine Knolle jungen Knoblauchs. Kostenpunkt: 71 Cent. Ich hätte mir grad mal ein Zehnerl gespart, wenn ich den alten vertrockneten Knofel genommen hätte.

Basisgemüse scheint erschwinglich zu sein, stelle ich beruhigt fest. Von Tomaten muss ich allerdings Abstand nehmen. Und kleine Extras wie Kräuter gehen entschieden zu sehr ins Geld. Petersilie beispielsweise kostet 1,29 Euro – zu teuer dafür, dass sie nicht tragende Säule eines Gerichts ist. Was ich koche, wird voraussichtlich von elementarer Schlichtheit sein.

Ein Sechserpack Eier (1,89 Euro) kommt in den Wagen, Eier sind vielseitig und nahrhaft. An der Fleisch- und Wursttheke gehe ich rasch vorbei, das Wochenende wird vegetarisch. Auf der Käsetheke liegen winzige Käsestückchen zum Probieren. Ich nasche eins, es schmeckt enttäuschend fade. Ausgerechnet heute. Sonst liegen da oft köstlich-würzige Sorten zum Probieren aus. Ich gehe schnell weiter. Käse stand ohnehin nicht auf meinem Einkaufszettel.

Oder doch wenigstens ein Stückchen Parmesan für die Nudeln, die ich früher oder später kochen werde? Mir fällt ein, was eine italienische Freundin mir erzählt hat: Wenn es bei den armen Bauern in Süditalien nicht für Käse zur Pasta asciutta reichte, haben sie ihn durch geröstete Semmelbrösel ersetzt. Muss ich mal ausprobieren.

Mein Magen knurrt, schließlich habe ich immer noch nicht gefrühstückt. Beim Anstehen fürs Brot greife ich mir eins der Ciabattastückchen, die als Kostprobe auf einem Teller bereitliegen. Lecker. Ich nehme noch eins. Die Kundin vor mir und der Verkäufer sind in ein intensives Beratungsgespräch vertieft, das gibt mir Gelegenheit, unauffällig ein drittes Brotbröcklein zu mir zu nehmen. Endlich komme ich dran. Zur Feier des Tages gönne ich mir zwei Semmeln. Die günstigsten nennen sich Baguette-Brötchen und kosten das Stück 35 Cent. Für den Fruchtaufstrich dazu, ein Gläschen »Köstliche Kirsche«, sind 1,59 Euro fällig, für den halben Laib Brot (»Kerndl-Laib«) 1,85 Euro.

Salz und Pfeffer sind unverzichtbar (79 Cent für »Atlantik-Meersalz« und 2,29 Euro für ganze schwarze Pfefferkörner). Dazu nehme ich Pizzagewürz (1,99 Euro), denn vermutlich wird es in den nächsten Wochen hin und wieder Spaghetti mit Tomatensauce geben. Die Sauce selbstgemacht, was sonst, das ist billiger (das Glas passierte Tomaten kostet 1,09 Euro bei 500 g / fertige Tomatensauce für 400 g 1,69 Euro); da lohnen sich die getrockneten Kräuter.

Traurig stehe ich vor dem Ölregal. Olivenöl fängt bei etwa fünf, sechs Euro für den halben Liter an, und ob es wirklich schmeckt, weiß ich leider erst, wenn ich es probiert habe. Ich würde also für viel Geld ein Risiko eingehen. Im Grunde weiß ich auch, dass die Wahrscheinlichkeit, für diesen Preis wirklich gutes Öl zu erwischen, gering ist. Ich ziehe mit leisem Widerwillen aus der untersten Reihe ein Sonnenblumenöl für 2,19 Euro den halben Liter.

Wehmütig denke ich an das köstliche quietschgrüne, dickflüssige Öl, das Freunde aus den Früchten ihrer Olivenbäume in den Marken gewinnen und das ich gern in sattem Strahl über alle Arten von Salat und Gemüse gieße oder in das ich einfach Weißbrot

Thilo Sarrazin und sein Hartz-IV-Speiseplan

Berlin ist eine tolle Stadt. Von vielem gibt es viel: Künstler, Politiker, Kneipen, Hunde... Nur von etwas gibt es viel zu wenig: Geld. Deshalb hat der Regierende Bürgermeister Klaus Wowereit nach »Ich bin schwul, und das ist auch gut so.« den zweiten hübschen Satz seiner Karriere gesagt: »Berlin ist arm, aber sexy.« (Und mir damit eine feine Vorlage für den Buchtitel geliefert. Dafür ein herzliches Vergelt's Gott nach Berlin!)

Weil Berlin mit hübschen Sätzen allein aber nicht geholfen ist, hat Herr Thilo Sarrazin, als er noch Finanzsenator der tollen Stadt war, ständig überlegt, wie die Bundeshauptstadt sparen kann. Ein großer Teil des Berliner Haushalts geht für Sozialleistungen drauf.

Weil es in Berlin leider sehr viele arme Menschen gibt...

Nein, so darf man den Satz nicht anfangen. In Deutschland, das hat der SPD-Politiker immer wieder erklärt, gibt es keine armen Menschen. Es gibt Hartz-IV-Empfänger. Aber die sind nicht arm, weil sie ja Hartz IV bekommen, so die Logik von Th. Sarrazin.

Trotzdem haben leichtfertige Bürger, die keine Ahnung vom Sparen haben, gefordert, Hartz IV müsse erhöht werden, 351 Euro im Monat seien zum Leben nicht ausreichend.

So geht der Satz richtig weiter: Weil es in Berlin leider sehr viele Menschen gibt, die Hartz IV bekommen, wäre eine Erhöhung dieser Unterstützung für die Bundeshauptstadt eine Katastrophe.

Denn da die Hartz-IV-Bezüge aus den Kassen der Städte und Gemeinden zu bezahlen sind, stand zu befürchten, dass Berlin finanziell noch mehr unter Druck gerät. Also hat der damalige Finanzsenator mal wieder ein bisschen gerechnet.

Aber nicht mit Millionen und Milliarden, wie er es gewöhnt war. Jetzt hat er auf einmal mit ganz kleinen Beträgen kalkuliert: 30 Cent für Brötchen, 15 Cent für Nudeln, 38 Cent für eine Bratwurst, 20 Cent für Krautsalat undsoweiter undsoweiter.

So hat er herausgefunden, dass der bisherige Satz, der im Monat 132,71 Euro für Essen und Trinken vorsieht, dicke langt. Einen Speiseplan für drei Tage hat er erstellt – besser: haben wohl seine Mitarbeiter erstellt. Dafür sind sie durch Supermärkte gestreift und haben ordentlich zu essen herangeschafft. Bratwurst und Leberkäse, Bierschinken und Hackfleisch, Schinken und Käse, Kartoffelsalat und Krautsalat, Tomatensauce und Kräuterquark und und und.

Wahrscheinlich haben sie das alles aber gar nicht wirklich gekauft, sondern nur die Preise notiert. Und dividiert. Zum Beispiel ausgerechnet, dass, wenn ein Kilopaket Hackfleisch 3,80 Euro kostet, zwingend folgt, dass 100 Gramm 38 Cent kosten.

Ja, im Rechnen sind sie gut. Sie haben auch herausgefunden, dass eine Scheibe Bierschinken, einer Großpackung entnommen, anteilig 15 Cent kostet. Sehr günstig. Anteilig kostet auch die Bratwurst nur 38 Cent und der Kartoffelsalat 34 Cent.

Aber hätten sie die ganze Herrlichkeit mal auf den Tisch gelegt, wäre ihnen möglicherweise aufgefallen, dass die Großpackungen für einen allein viel zu viel sind. Ihnen hätte gedämmert, dass, wer sich auf den Speiseplan des Senators einlässt, irgendwann Berge von gammligem Leberkäse, muffelnder Bratwurst, verwesendem Schinken und matschigen Mandarinen vor sich hätte.

Vielleicht wäre ihnen beim Anblick der Großpackungen mit Wurst und Leberkäs auch aufgefallen, dass ein gewisses Ungleichgewicht zu Lasten von Obst und Gemüse vorhanden ist.

Dass von den neun Mahlzeiten, die für die drei Tage durchgeplant sind, sieben Fleisch oder Wurst enthalten, hält Th. S. selbst vielleicht für ein Zeichen besonderer Großzügigkeit. In Wahrheit ist es wohl eher der Versuch, mit fettigen Lebensmitteln Kalorien zu schinden.

Thilo Sarrazin selbst beklagt, dass gerade Kinder armer Familien häufig übergewichtig seien. Er formuliert das nicht so dezent, sondern sagt: »Untergewicht scheint nicht zu den Problemen der Unterschicht zu gehören.«

Mit seiner »Diät« setzt allerdings er selbst das komplett falsche Signal. Zwei bis drei Portionen Wurst und Fleisch am Tag sind der sicherste Weg zu Übergewicht und ernährungsbedingten Krankheiten.

Lieber Ulrich Nußbaum, der Sie jetzt Finanzsenator in Berlin sind, wenn auch Sie mal einen Speiseplan für arme – pardon, arme gibt es ja nicht, sagen wir also: für nicht ganz so wohlhabende Berliner herausbringen wollen, dann schlagen Sie Ihren Mitbürgern doch vor, weniger Leberkäs und Bratwürste und dafür mehr Obst und Gemüse zu essen. Ihr Kollege aus der Abteilung Gesundheit wird Ihnen dankbar sein.

eintunke. Ich blicke auf das Fläschchen Sonnenblumenöl in meiner Hand, versuche, dankbar zu sein und mir zu sagen: Sei froh, dass du dir wenigstens das kaufen kannst. Mein verwöhnter innerer Schweinehund bleibt frustriert.

Bei der Abteilung Müsli vergleiche ich die Preise der Mischungen und der einzelnen Grundzutaten und stelle fest, dass das Basis-Müsli (500 g 1,39 Euro), das immerhin mehrere Sorten Körner sowie ein paar Sonnenblumenkerne und Leinsamen enthält, nur ein Zehnerl mehr kostet als die nackten Haferflocken, das nehme ich also. Nüsse, Rosinen oder andere Früchte befinden sich nicht darin, scheinen mir augenblicklich auch nicht im Bereich der finanziellen Möglichkeiten. Normalerweise mache ich Honig ans Müsli, verzichte aber angesichts der Preise von 3,49 Euro aufwärts.

Zuletzt kaufe ich ein Fünf-Pfund-Paket Mehl und ein Kilo Zucker (2,89 Euro und 2,49 Euro). Der Sack Mehl wirkt irgendwie beruhigend. Ich nehme mir vor, Butterplätzchen zu backen. Unterwegs Knabberzeug zu kaufen, wird kaum möglich sein, und so werde ich mir einen kleinen Vorrat an Leckerlis schaffen, die ich auch mal mitnehmen kann.

An der Kasse bezahle ich 37,44 Euro, mehr als ein Viertel des gesamten Monatsbudgets. Noch kann ich nicht beurteilen, ob ich mit dem Geld auskommen werde. Aber ich habe das Gefühl, gut eingekauft zu haben und trotz manchen Verzichts, im Rahmen meiner Möglichkeiten, das Beste ausgesucht zu haben.

Heimradeln, Schätze auspacken. Endlich Frühstück! Beim Beladen des Fahrrads ist mir ein Missgeschick passiert, Ergebnis: Zwei Eier sind angeknackst. Also wird es Rührei geben. Es ist inzwischen auch schon späte Mittagszeit, ein reichhaltiges Frühstück, eher ein Brunch, ist angebracht.

Es gibt eine Kanne Schwarztee mit Sojamilch (das Aroma der indischen Mischung, kräftig und trotzdem auch fein, ist eine sehr angenehme Überraschung), dazu die beiden Semmeln. Eine nur mit Butter, zum Rührei, die andere mit Butter und Kirschkonfitüre.

Etwas fehlt noch: Obst oder Gemüse. Die Wahl fällt auf die Gurke.

Normalerweise würde ich sie würfeln, halbierte Kirschtomaten dazugeben, ein halbes Bund Petersilie gehackt darüberstreuen und alles mit etwas Zitrone und reichlich gutem Olivenöl anmachen. Jetzt reduziert sich das Ganze mangels Masse auf Gurkenwürfel und einen Löffel Joghurt, Salz und frisch gemahlenen schwarzen Pfeffer. Sehr minimalistisch. Schmeckt aber erfreulich gut.

Beim Begutachten der Vorräte scheint mir, dass zu wenig Obst dabei ist. Ich ziehe nochmal los. Auch normale Supermärkte haben inzwischen einiges an Bio-Ware, vielleicht gibt es dort ein paar günstige Birnen oder Orangen. Bei Rewe steht ein großes Bio-Regal. Im Bio-Laden hat eine Kiwi 29 Cent gekostet, so viel kostet hier eine konventionelle.

Bio-Kiwis gibt es bei Rewe auch: abgepackt, 4 Stück zu 1,79 Euro. Bei den Bio-Bananen ist der Preis auf den Cent identisch mit dem im Bio-Laden (Kilo 1,99 Euro). Aber: Dort sind sie lose und ich kann sie mir einzeln aussuchen, bei Rewe gibt es sie nur abgepackt. Birnen gibt es zwar, aber die 650(!)-Gramm-Packung kostet an die vier Euro. Lachhaft. Mit zwei Geranien – nicht bio – fürs Fensterbrett ziehe ich von dannen.

Nochmal in den Biomarkt, eine andere Filiale mit noch größerer Auswahl. Beim Anblick der adretten Schnittlauchbunde sehe ich mein Abendessen vor mir: Pellkartoffeln mit Schnittlauchquark. Im Einkaufskorb landen 1 Bund Schnittlauch, 1 Pfund Magerquark und 1 Becher Crème fraîche; außerdem 2 kleine Orangen, 2 Zitronen und 1 große Banane. 4,78 Euro bin ich dafür los und habe somit fast ein Drittel meines Monatsbudgets am ersten Tag verjubelt.

Ob das gutgehen kann?

Bei einem Spaziergang durch den Olympiapark genieße ich den Blick in die Ferne samt Alpenpanorama und freue mich an den blühenden Obstbäumen. Das Beste daran: Es ist gratis.

Nachdem ich die Einkäufe notiert habe, verspüre ich mächtig Hunger. Ich verrühre etwa 150 Gramm Quark mit ein bisschen Joghurt und einem Löffel Crème fraîche, schnipple die Hälfte des Schnittlauchs dazu, würze mit Salz; schäle eine Karotte, raffle sie grob und mache sie mit etwas Öl und Zitronensaft, Salz, Pfeffer und einer in Scheiben geschnittenen Knoblauchzehe an.

Ich koche die Hälfte der Kartoffeln, pelle sie und gebe einen Klacks Butter dazu. Kartoffeln und Quark sind wunderbar, was wieder bestätigt, dass Essen sehr einfach sein darf, wenn die Zutaten gut sind. Der Karottensalat schmeckt nicht übel, aber seltsam fremd. Bis mir einfällt, woran es liegt: Es fehlt das Olivenöl.

Leider habe ich beim Einkaufen nicht daran gedacht, was ich abends trinken möchte. Schwarzer Tee und Leitungswasser sind alles, was mir im Moment zur Verfügung steht. Der Verveine-Tee, auf den ich jetzt Lust hätte, aus Frankreich mitgebracht, muss im Regal bleiben. Erstens, weil nicht vom aktuellen Budget gekauft. Zweitens, weil nicht bio. Da ich auf spät getrunkenen Schwarztee nicht gut einschlafen kann, bleibt bloß Wasser. Ohne nachzudenken hatte ich aber schon Teewasser aufgesetzt. Nun trinke ich das heiße Wasser. Soll ja sehr gesund sein, ayurvedamäßig und so.

Zum Plätzchenbacken bin ich nicht gekommen, schade. Ich schreibe alles auf, esse einen Apfel und falle todmüde ins Bett.

Frühstück/Brunch: Tee mit Milch 0,35 €, 2 Semmeln 0,70 €, 2 Eier 0,63 €, 1/3 Gurke 0,50 €, 30 g Butter 0,20 €, Marmelade, Joghurt, Salz, Pfeffer 0,25 € = **2,63 €**

Abendessen: Kartoffeln 0,40 €, 150 g Quark 0,35 €, 1 Karotte 0,18 €, 1/2 Bund Schnittlauch 0,75 €, Apfel 0,35 €, Öl, 100 g Joghurt 0,18 €, 15 g Crème fraîche 0,09 €, 1/2 Zitrone 0,08 €, 10 ml Öl 0,04 € = **2,42 €**

Tagesverbrauch: 5,05 €

Obst / Gemüse: Gurke, Karotte, Apfel, Schnittlauch – zählen Pellkartoffeln eigentlich auch mit? In anderen Ländern gelten Kartoffeln als Gemüse.

Versagen auf der ganzen Linie. Vom Preis her bin ich also am ersten Tag schon mal kräftig über dem Limit. Und das bei nur zwei Mahlzeiten. Obst und Gemüse waren eher zu knapp bemessen. Scheint ganz schön schwierig zu werden.

Spaßeshalber gebe ich auch alles in den Kalorienrechner ein und sehe: Ich habe zu wenig gegessen. Knapp 1700 Kalorien. Das kann mir persönlich zwar nicht schaden, im Gegenteil. Aber die Geschichte soll nicht heißen »Abnehmen mit Hartz IV«. Den ersten Tag habe ich also schon mal komplett vermasselt.

2. Tag
Natur zum Nulltarif

Der Sonntag ist strahlend schön. Zum Frühstück gibt es Schwarztee mit Milch, dazu ein Müsli aus einer halben Banane, einer Orange, einigen Löffeln Müslimischung und Joghurt. Ich mische Mager- und Vollmilchjoghurt. Was kommt noch hinein? Nichts. Weil nichts anderes da ist. Im Vergleich zu sonst schmeckt es ein wenig karg, aber doch ganz okay. Die andere Hälfte der Banane wird zusammen mit Quark, etwas Joghurt, dem Saft einer halben Zitrone und etwas Zucker zu Bananenquark vermanscht. Den stelle ich für heute Abend bereit.

Ich sehe mir nochmal die Aufzeichnungen von gestern durch und bin frustriert. Frust macht hungrig. Schnell zwei Eier hart gekocht. Eins davon auf Butterbrot, lecker. Eine Verabredung mit Freunden im Botanischen Garten steht auf dem Programm. Wir treffen uns im Café. Die Zeit, die ich mit dem Rad brauche, habe ich unterschätzt und komme dadurch etwas spät, die beiden haben ihren Kuchen schon halb gegessen, ihren Kaffee schon fast ausgetrunken.

Das ist mir nur recht. Das Café im Botanischen Garten hat Selbstbedienung, so kann ich mich dazusetzen, nett unterhalten und leichthin sagen: »Ach, im Moment möchte ich eigentlich gar nichts«, ohne dass eine Bedienung eine Bestellung von mir erwartet. Das nette Angebot, mich auf einen Kaffee einzuladen, lehne ich dankend ab (»Wisst ihr, ich habe gerade erst gefrühstückt.«) Wir sitzen lange, die Sonne scheint, die blühenden Sträucher duften honigsüß, die Tulpen sind eine Pracht.

Auf dem Rückweg mache ich Halt bei anderen Freunden, die sitzen gerade im Garten. Auf dem Tisch stehen Wein und Leitungswasser. Das Wasser trinke ich mit Genuss. Allmählich meldet sich der Hunger. Ich radle heim, um zu kochen.

Unterwegs läuft mir aber erst noch ein Freund aus alten Zeiten über den Weg. Er spielt wunderbar Klavier, und wir hatten schon öfter darüber gesprochen, dass er mal kommen und mit mir ein bisschen üben könnte. Ist nie was draus geworden, keine Zeit alle beide (Selbständige arbeiten eben nicht nur selbst, sondern auch ständig). Mein Klavier dient seit Jahren nur noch als Ablage. Gerade mal zwischen Weihnachten und Neujahr, wenn selbst bei mir so etwas wie Muße einkehrt, habe ich immer wieder mal einen Anlauf gemacht, der jeweils rasch im Sande verlief.

Der Pianist erzählt, er lerne seit ein paar Jahren ganz begeistert Französisch und suche jemanden für Konversation. Wir vereinbaren einen Austausch: Klavierunterricht gegen Französisch-Konversation. In schlechten Zeiten bietet Tauschhandel die einzige Chance auf Luxus! Ich freue mich, gleich morgen werde ich anrufen, damit es diesmal nicht bei Absichtserklärungen bleibt.

Endlich zuhause. Den ersten Heißhunger stillt ein Butterbrot mit dem übrigen gekochten Ei und ein halber Apfel. Aus der Hälfte des fein geschnittenen halben Rotkohlkopfes, dem grob gewürfelten verbliebenen Apfel, einer gehackten, in reichlich Öl kräftig angebratenen Zwiebel entsteht ein passables Gemüse, dazu gibt es den Rest der Kartoffeln, als Pellkartoffeln gekocht, und hinterher den Bananenquark.

Das Gemüse braucht allerdings, um nach etwas zu schmecken, unbedingt einen kleinen Schuss Essig. Der stand gestern leider nicht auf der Einkaufsliste. Ich greife nach der Balsamico-Flasche neben dem Herd, ist eh nur noch ein winziger Rest drin. Der kommt jetzt ans Gemüse, fertig, aus. Schande über mich, damit habe ich also jetzt schon gemogelt.

Heißes Wasser möchte ich heute Abend nicht trinken. Auch Leitungswasser gab's schon überreichlich. Ich pfeife auf den gesunden Schlaf und mache mir eine Riesentasse Tee. Auf dem morgigen Einkaufszettel muss unbedingt Kräuter- oder Früchtetee stehen. Apfelsaft, Bier oder gar Wein kann ich leider fürs erste vergessen.

Ich überschlage die Kalorien und stelle fest, dass es wieder eher knapp war. Mit einer Portion Plätzchen wäre die Bilanz noch zu retten, aber ich bin zu matt und eigentlich auch nicht mehr hungrig.

Frühstück: Tee 0,15 €, 0,3 l Sojamilch 0,36 €, 1/2 Banane 0,25 €, 1 Orange 0,23 €, 150 g Joghurt 0,18 €, 30 g Müsli 0,10 € = **1,27 €**

2. Frühstück: Brot 0,30 €, Butter 0,10 €, 1 Ei 0,32 € = **0,72 €**

Brotzeit: Brot 0,30 €, Butter 0,10 €, 1 Ei 0,32 €, 1/2 Apfel 0,17 € = **0,89 €**

Abendessen: 275 g Blaukraut 0,47 €, 1 Zwiebel 0,08 €, 1/2 Apfel 0,17 €, 250 g Kartoffeln 0,40 €, 150 g Quark 0,35 €, 15 ml Öl 0,06 €, 1/2 Banane 0,25 € = **1,78 €**

Tagesverbrauch: 4,66 €

Obst und Gemüse: Banane, Orange, Apfel, Zwiebel und 1 große Portion Blaukraut. Das kann man gelten lassen!

Zwar nicht den Zielwert von 4,35 Euro erreicht, aber doch deutlich näher dran als gestern. Außerdem das Obst- und Gemüse-Soll perfekt erfüllt. Ist es also doch möglich?

So, jetzt habe ich mal nachgerechnet, wie viele Kalorien Herr Sarrazin seinen weniger wohlhabenden Mitbürgern gönnt. Und siehe da, die zweitausend Kalorien, die ich als groben Mittelwert annehme, werden auch bei ihm unterschritten, trotz fettiger Fabrikwurst.

3. Tag
Gute Kundin, schlechte Kundin?

Zum Frühstück gibt es Schwarztee mit Milch, Müsli aus einer Kiwi, der letzten kleinen Orange, ein paar Löffeln Müsliflocken und etwas Joghurt. Außerdem eine dicke Scheibe Brot mit Butter. Ein halbes Bund Schnittlauch ist noch da, der wird in feine Röllchen geschnitten. Ein Teil kommt aufs Brot, ein kleiner Rest bleibt, der kommt zugedeckt in ein Schälchen und darf später als Garnitur vielleicht eine Suppe verschönern oder was ich sonst halt kochen werde. Noch etwas Meersalz aufs Brot – alles in allem kein schlechtes Frühstück.

Es nieselt, trotzdem treffe ich mich mit einer Freundin zu einem Spaziergang. Alles ist frisch und grün und wunderschön. Nur wenige Menschen sind im Park unterwegs, die meisten von ihnen führen ihre Hunde aus.

Der Rückweg führt an einem Tengelmann vorbei. In einer Stellage auf dem Gehsteig vor dem Laden liegt ein Berg Salatgurken. »Deutsche Gurken, 39 Cent« steht groß auf einem Schild. Die Gurke aus dem Biomarkt, am Samstag gekauft, hat 1,49 Euro gekostet. Wie ist es möglich, Gurken für 39 Cent anzubieten?

Wichtigste Aufgabe jetzt: einen Einkaufszettel erstellen. Kräutertee für abends, Brühwürfel und ein bisschen Fleisch und Käse. Spaghetti Bolognese müssen einfach drin sein. Ist nicht die italienische Küche Weltspitze darin, aus winzigsten Fleischmengen attraktive Gerichte zu zaubern?

Bei Basic gibt es Hackfleisch im Sonderangebot. Ich bitte um »ein ganz kleines Häufchen, höchstens 150 Gramm«. Die Verkäuferin legt eine Portion auf die Waage, 176 Gramm. »Ist das zuviel?« fragt sie. Kurzes Zögern meinerseits. »Ja, bitte etwas weniger.« Sie nimmt etwas weg, jetzt sind es 125 Gramm. Ich strahle sie an und sage: »Perfekt!« Bilde ich es mir bloß ein oder guckt sie wirklich ein bisschen schräg? Oder bildet sich bei mir schon nach drei Tagen eine Art von Paranoia? Aus Angst, arm zu wirken und deshalb schräg angeguckt zu werden?

Bisher war ich in diesem Laden eine gute Kundin. Wenn bei mir zuhause Weinproben für Testberichte stattfanden, gingen Entrecôtes und Parmaschinken pfund- und kiloweise über diesen Tresen, dazu ordentlich große Käsebrocken. Jeder Euro, der weniger ausgegeben wird, fehlt den Läden. Um die Gehälter der Verkäufer zu bezahlen, reicht es halt nicht, wenn nur Kleinstportionen vom Billigsten nachgefragt sind. Fast bekomme ich ein schlechtes Gewissen, fühle mich als Konsumverweigerer ohne Not und damit mutwilliger Arbeitsplatzzerstörer.

Aber halt – es ist ja mein Job, der weg ist, und ich bin wirklich knapp bei Kasse. Die hier haben ihren Job noch. Bloß: Auf Dauer kann sich keiner sicher sein. In anderen Städten, Karlsruhe und Köln beispielsweise, sind bereits Bio-Läden mangels Kundschaft dichtgemacht worden. Es würde mich sehr bekümmern, wenn »mein« Biomarkt um die Ecke dran glauben müsste. Aber wenigstens trage ich das wenige Geld, das zur Verfügung ist, fast vollständig hierher und wandere nicht zum Discounter ab.

Ein Viertelpfund Gehacktes also. Auf die Spaghetti damit freue ich mich schon richtig. Käse? In der Kühltheke gibt es grob geriebenen Gouda, die 100-Gramm-Tüte zu 1,15 Euro. Ein vertretbarer Preis, oder? Den Tee für abends nicht vergessen. Die Auswahl ist riesig: Kräuter oder Früchte, Mischung oder pur, lose oder im Teebeutel. Mit Heilsversprechen gegen Aufpreis: »Glückstee«, 15 Beutel 4,79 Euro. Bloß unter zwei Euro ist nichts dabei. Vielleicht im Drogerie-Markt, auch dort gibt es eine Auswahl an haltbaren Bio-Lebensmitteln.

Liebe Leser, wenn Sie glauben, dass in den einzelnen Filialen von Kettenmärkten die gleichen Sachen immer den gleichen Preis haben, irren Sie sich. Ich wohne ziemlich genau am Schnittpunkt von drei dm-Filialen. Die identische Haartönung kostet in der Karl-Theodor-Straße glatt ein Fuchzgerl mehr als ein paar hundert Meter weiter in der Hohenzollernstraße. Das Katzenfutter wiederum ist an der Münchner Freiheit teurer als in der Hohenzollern.

Das liegt daran, erklärte mir ein Mitarbeiter, dass zwei der Läden

Verbände und Siegel – die Bio-Klassengesellschaft

Ein grünes Sechseck, weithin sichtbar, soll die Blicke der Kunden magisch anziehen. Vor allem in konventionellen Supermärkten, auch in Discountern, wird es an den obersten Regalleisten über den einzelnen Bio-Produkten angebracht und bietet so einen praktischen Wegweiser durch das grüne Sortiment des Ladens.

In Bio-Läden findet sich das einprägsame Siegel zwar auf einzelnen Produkten, nicht aber als Hinweis auf den Regalen. Logisch – es ist ja das komplette Sortiment Bio.

Entspricht alles, was unter diesem Siegel gehandelt wird, den gleichen Standards? Keineswegs. Das sechseckige Bio-Siegel ist eine deutsche Erfindung; es besagt, dass die EU-Standards für Bio-Produkte eingehalten werden. Seit 2010 gilt in der gesamten Europäischen Union ein Bio-Siegel, das die gleiche Aussage trifft. Das deutsche Sechseck und das rechteckige EU-Siegel, in dem sich auf hellgrünem Grund die Europasterne zu einem Blatt formieren, geben einen Mindestanspruch vor, eine Untergrenze für das, was sich »bio« nennen darf.

Einzelne Verbände wie Bioland, Naturland, Demeter und andere stellen deutlich strengere Anforderungen an ihre Mitglieder. So gesehen gibt es tatsächlich »Bio« erster, zweiter und dritter Klasse – was auch manche Preisunterschiede erklärt.

Hier beispielhaft einige Unterschiede zwischen EU, Bioland und Demeter (Stand 2008):

Gesamtbetrieb: Die EU-Norm lässt zu, dass innerhalb eines Betriebes Bio- und Nicht-Bio-Bereiche nebeneinander existieren. Da kann schon mal was durcheinander geraten. Bioland und Demeter schreiben vor, dass Betriebe stets als Ganzes auf ökologische Wirtschaftsweise umstellen müssen.

Kontrollen: Einmal jährlich durch EU-Kontrolleure, bei Bioland und Demeter zusätzlich jährliche Kontrolle durch den Verband. Bei Demeter zusätzlich jährliche »Entwicklungs-Gespräche«.

Dünger: Nach EU-Norm dürfen Gülle, Jauche und Vogelmist aus konventionellen Betrieben angekauft und als Dünger verwendet werden. Bei Bioland und Demeter verboten.

Tierhaltung: Die EU erlaubt 230 Legehennen pro Hektar, bei Bioland und Demeter sind es 140 Tiere.

Tierhaltung: Bei EU und Bioland dürfen Kühen die Hörner entfernt werden. Bei Demeter behalten Kühe ihre Hörner.

Futtermittel: Bei Schweine- und Geflügelmast ist ein Anteil von 10 Prozent Nicht-Öko-Futter zugelassen. Bei Bioland darf nur in Notsituationen ein Anteil von maximal 5 Prozent zugesetzt werden. Bei Demeter sind konventionelle Anteile in Futtermitteln rigoros und ohne Ausnahme verboten.

Lebensmittelzusatzstoffe: Nicht-Bio: ca. 350 Stoffe zugelassen. EU-Bio: ca. 45 Zusätze erlaubt. Bioland: 25 erlaubt. Demeter: 20 erlaubt.

Weitere Infos: www.boelw.de (Bund Ökologische Lebensmittelwirtschaft) keinen Konkurrenten in der Nähe haben, während sich in der Hohenzollernstraße ein paar Schritte von dm entfernt eine Filiale des Mitbewerbers Rossmann befindet. Da muss man sich im Preis wohl oder übel am Nachbarn orientieren – und so kosten hier, in der belebten Geschäftsstraße, manche Waren eben weniger als anderswo.

Also in die im Zweifelsfall günstigere dm-Filiale marschieren und nach günstigem Kräutertee suchen. Als erstes saugt sich mein Blick leider an den Leckereien fest: belgische Nougat-Pralinen, schokolierter Ingwer, Kakaomandeln – alles bio, alles nicht unverschämt teuer, aber alles unerschwinglich bei 132,71 Euro im Monat.

Schnell weiter, bevor der Speichelfluss völlig außer Kontrolle gerät. Der günstigste Kräutertee ist Fenchel. Erinnert aber zu sehr an Babyfläschchen. Minze also. Die Packung mit 20 Teebeuteln kostet 1,25 Euro. Mein künftiger Abend-Luxus. Zum Weinen, wenn's nicht so grotesk wäre.

Aber jetzt hurtig die Bolognese zubereitet: 1 Zwiebel fein und 1 Knoblauchzehe grob gehackt und in reichlich Öl bei schwacher Hitze braten, bis sie zu bräunen beginnt. Jetzt das Fleisch dazu, mit dem Kochlöffel gut zerdrücken. Eine große Karotte ist noch da, etwa ein Drittel davon kommt gerieben zum Fleisch. Leicht salzen, etwas von der italienischen Kräutermischung dazu, zwischen den Handflächen zerreiben, das setzt die Aromen frei. Knapp die Hälfte der Tomatenpüree-Flasche dazugießen, umrühren.

Nudeln kochen. Gut 150 Gramm, ein Drittel der Packung, kommen in den Topf, der Hunger ist groß. Was fehlt noch an der Sauce? Vieles. Etwas Stangensellerie zum Beispiel, etwas Weißwein (ich verbiete mir den Griff zur angebrochenen Riesling-Flasche, die seit letzter Woche offen dasteht), vom Olivenöl ganz zu schweigen. Pfeffer darübermahlen. Die Nudeln sind fertig.

Das Nudelwasser gieße ich über dem Teller ab, so ist der bestens vorgewärmt. Die Nudeln alle auf einmal einfüllen. Etwas Nudelsauce darüber. Sie würde für zwei Portionen reichen. Es wäre höchst vernünftig, die Hälfte für morgen aufzuheben. Es geht nicht. Jetzt ist sie frisch, und sie duftet und lockt. Alles rauf auf die Nudeln und einen kräftigen Schwung Käse hinterher.

Auf dem kühlen dunklen Balkon (Parterre, nach Norden) kümmert einsam ein Basilikum-Pflänzchen. Das muss jetzt dran glauben. Die drei – relativ – ansehnlichsten Blätter kleingezupft, über die Pasta gestreut. Der volle Teller ist ein Anblick für Götter. Dazu gibt es ein weiteres Drittel der Salatgurke, ebenso den Rest der Karotte, beides in feine Scheiben gehobelt, mit ein bisschen Joghurt, Salz und Pfeffer angemacht.

Jammi, es schmeckt. Mögen auch die Aromen des Parmesans, des Olivenöls, der Brühe, des Weins fehlen – es ist verdammt lecker. Wie es halt schmeckt, wenn die Zutaten aus sauberer, achtbarer Produktion kommen. Na ja, korrekt zubereiten muss man sie auch. Wer kochen kann, ist klar im Vorteil.

Pappsatt. Kein Wunder: Der Kalorienrechner sagt, dass allein im Mittagessen mehr als tausend Kalorien enthalten waren. Zusammen mit dem Frühstück habe ich bereits soviel intus wie gestern und vorgestern jeweils auf den ganzen Tag gerechnet. Sapperlott. Hätte besser doch nur die Hälfte der Fleischsauce genommen. Aber es war so schön, richtig reinzuhauen.

Muss ich jetzt aufs Abendessen verzichten, damit es nicht zu teuer wird? Was hat's gekostet bis jetzt?

Frühstück: Tee mit Milch, Kiwi 0,29 €, Orange, Joghurt, Müslimischung, Brot, Schnittlauch, Butter = 2,00 €

Mittagessen: Fleisch 1,05 €, Käse 0,46 €, passierte Tomaten 0,50 €, Nudeln 0,36 €, 1/3 Gurke 0,50 €, 1 Karotte 0,18 €, Joghurt 0,20 €, Zwiebel, Knoblauch, Öl, Gewürze 0,20 € = 3,45 €

Das Budget also weit überschritten, selbst wenn ich heute gar nichts mehr äße – womit ich wieder in der Unterernährung wäre. (Wer mich kennt, darf einmal herzhaft lachen.) Hilfe!

In meiner Ratlosigkeit brühe ich mir eine Kanne dünnen Pfefferminztees auf und trinke die einzelnen Tassen jeweils mit einem gehäuften Teelöffel Zucker. Sonst nehme ich nie Zucker. Aber es sind billige Kalorien: 5 TL = 25 Gramm des guten Rohrohrzuckers aus Bioanbau bringen 100 Kalorien für 5 Cent. Ernährungsexperten raufen sich an dieser Stelle die Haare.

Abends: *Pfefferminztee, Zucker:* **0,10 €**

Tagesverbrauch: 5,55 €

Obst / Gemüse: *Kiwi, Orange, Schnittlauch, Tomate, Gurke, Karotte, Zwiebel*

4. Tag
Champagner im Angebot

Aufstehen, E-Mails durchsehen. Eine ist dabei von Basic, der Kunden-Rundbrief. Die Wochen-Sonderangebote werden angepriesen. Das Pfund Erdbeeren 2,99 Euro, das ist echt eine Überlegung wert. Morgen habe ich Geburtstag, das wird sowieso eine Herausforderung. Wie auch immer, Erdbeeren gehören zu einem Mai-Geburtstag eigentlich zwingend dazu.

Zu meinen allerfrühesten Erinnerungen gehört die Melange aus Flieder- und Maiglöckchenduft und den Aromen von Erdbeeren und Spargel. Meine Großmutter – von der noch die Rede sein wird – und ich sind am gleichen Tag geboren, so war unser gemeinsamer Geburtstag in der Familie immer so etwas wie der Höhepunkt des Jahres.

Und immer, immer gab es die ersten Erdbeeren und den ersten Spargel. Die Erdbeeren eingezuckert und mit einem dicken Klacks Schlagsahne, der mit Vanillezucker gesüßt war. Nie war es künstlicher Vanillin-Zucker. Denn Oma hatte eine große Blechdose mit Zucker stehen, in die kamen ausgekratzte Vanilleschotenreste. Die reichten, um dem Zucker seinen betörenden Duft zu verleihen.

Vor allem aber gab es Erdbeertörtchen aus knusprig-dünnem, buttrigem Mürbteig, mit einer dicken Lage Erdbeeren. Um den Tortenguss anzurühren, wurde der Saft, der sich unten in der Schüssel mit den gezuckerten Erdbeeren gesammelt hatte, verwendet. Am besten schmeckten die Törtchen, wenn der Boden schon leicht aufgeweicht war. Später hat man mir oft erzählt, dass zwar mein erstes Wort, wie bei allen normalen Kindern, »Mama« gewesen sei. Das zweite Wort habe aber nicht »Papa« oder »Wauwau« oder »Auto« gelautet, sondern – »Erdbeertörtchen«.

Bis jetzt habe ich einer einzigen Freundin von meinem Vorhaben erzählt; sie weiß also, dass es morgen bei mir nicht die übliche großzügige Bewirtung geben wird. Ich habe allerdings auch niemanden eingeladen. Ein paar Freunde werden trotzdem kommen, haben sich schon angekündigt. Eine Freundin hat – wie sie es immer tut – gefragt, ob sie was mitbringen soll, und ich habe ihr Angebot, einen Salat zu machen, dankbar angenommen.

Ein weiterer Freund hat sich angekündigt, von dem ich hoffe, dass er wie in anderen Jahren auch einen feinen Wein als Geschenk dabei haben wird. Der wird dann gleich geopfert werden müssen, denn ich will nicht einfach in die Vorräte greifen. Das wäre unfair. Hartz-IV-Empfänger haben in der Regel keinen gut bestückten Weinkeller.

Ein Joker ist in dem Regelsatz enthalten: Zehn Euro für »Verpflegungsdienstleistungen«. Das ist Geld, das man in Kantinen oder Kneipen auf den Kopf hauen darf. Ich hatte eigentlich vor, davon wenigstens einen Kuchen zu backen. Aber so, wie es die letzten Tage lief, fürchte ich, werde ich dieses Geld benötigen, um die Fehlbeträge auszugleichen, die ich durch ungeschicktes Wirtschaften anhäufe. Das heißt aber auch, dass ich mir einen ganzen langen Monat lang nicht einen einzigen Besuch in einem Straßencafé gönnen darf.

Basic hat noch ein weiteres Sonderangebot: Champagner, die Halbflasche zu 16,99 statt 19,99 Euro. Soll ich lachen oder weinen?

Zeit, endlich Plätzchen zu backen. 160 Gramm Mehl, 90 Gramm Butter, 75 Gramm Zucker und 1 Eigelb verkneten, eine Kugel rollen und in Frischhaltefolie gewickelt eine halbe Stunde kühl ruhen lassen. Aber nicht im Kühlschrank, dort wird der Teig steinhart und lässt sich dann schwer ausrollen. Obwohl in den meisten Kochbüchern steht, dass der Teig in den Kühlschrank soll, wird er mir dort zu hart.

Inzwischen gibt es Frühstück: Das übrige Eiweiß ergibt zusammen mit einem weiteren Ei in Butter gebraten ein nettes kleines Omelett, auf das die letzten Schnittlauchröllchen kommen. Dazu, wie inzwischen gewohnt und geschätzt, die »Indische Mischung« mit (Soja-)Milch. Das letzte Drittel der Gurke, in Scheibchen gehobelt, bekommt wieder das schlichte, aber gute Dressing aus Joghurt, Salz und frisch gemahlenem Pfeffer. Dazu ein Brot mit Butter und Marmelade.

Ein Blick auf die Vorräte zeigt, dass da immer noch die halbe Ananas liegt. Die gibt es später als Nachtisch. Dann ist da der viertel Kohlkopf, der wird vom Liegen auch nicht frischer. Mein Lieblingsrezept für Rotkohl ist ja ein Salat. Der geht so: Kohl fein hobeln und zusammen mit Orangenstücken, grob gehackten Walnüssen, zerbröckeltem Schafkäse, Frühlingszwiebelringen und einer Mischung aus Oliven- und Walnussöl anmachen.

In dieser Form wird es ihn heute gewiss nicht geben. Frühlingszwiebeln, ich gestehe es, gehören zu den Lebensmitteln, die ich bisher nicht im Bio-Laden gekauft habe. Zum einen gibt es sie dort nicht immer; zum anderen sind sie, wenn es sie denn gibt, meist ultradünn und vor allem schweineteuer. 1,99 Euro für ein mageres Bund – da habe ich denn doch lieber bei Rewe & Co zugegriffen, wo die Lauchzwiebeln manchmal nur 49 Cent kosten und selbst im schlimmsten Fall nicht über einen Euro hinausgehen. Die Frühlingszwiebeln, die gestern im Biomarkt angeboten wurden, waren zwar stattlich und schön – 1,99 Euro erschienen mir trotzdem nicht erschwinglich.

Auch mit dem Schafkäse ist das so eine Sache. Eigentlich ist ja für tierische Produkte Bio wirklich Pflicht. Eier und Fleisch von Batteriehühnern zu kaufen erscheint mir schlicht unanständig. Tierquälerei in Kauf nehmen, um ein paar Cent zu sparen? Artgerechte Haltung muss drin sein. Ob Bio oder nicht. Bei Schafen bin ich bis jetzt davon ausgegangen, dass sie immer im Freien weiden – aber vielleicht irre ich mich ja. Lieber mal im Internet nachsehen. Zu meiner Bestürzung finde ich tatsächlich Seiten, auf denen sich Bauern über Stallhaltung ihrer Lämmer austauschen (»Habe keinen Platz, sie draußen zu lassen«, klagt einer).

Jetzt wäre es interessant zu erfahren, ob wenigstens in Griechenland alle Schäfchen auf der Weide sein dürfen und ob griechischer Schafkäse folglich immer aus der Milch von freilaufenden Tieren gewonnen wird. Andernfalls wäre künftig der preisgünstige Feta aus der Metro oder von Penny tabu. Ausgerechnet. Schafkäse und Frühlingszwiebeln gehören bei mir zu den Grundnahrungsmitteln, und, ja doch, ich habe es bisher vermieden, die teure Öko-Variante zu kaufen.

Ach, manchmal möchte man das alles gar nicht mehr so genau wissen! Es ist anstrengend und teuer und oft bedrückend, sich damit auseinanderzusetzen, wie unser Essen entsteht und die Konsequenzen daraus zu ziehen. Aber was wäre die Alternative?

Mal schauen, wie es um die Plätzchen steht. Inzwischen sind sie fertig, die Ausbeute beträgt gut 300 Gramm, damit wiegen die fertigen Plätzchen weniger als die Summe der einzelnen Zutaten. Irgendwie ist unterwegs Gewicht abhanden gekommen, verdunstet, was weiß ich. Wie heißt es hier in Bayern so treffend: »Mit Schwund muaßt rechnen.«

Die Zutaten haben gekostet: Mehl 19 Cent, Butter 63 Cent, Zucker 19 Cent, Eigelb 20 Cent. Macht 1,21 Euro für gut 300 Gramm beste Butterplätzchen, das ist schwer in Ordnung. Die Arbeitszeit darf man halt nie mitzählen, aber beim Kochen ja auch nicht.

Erfreuliches also von der Backfront. Das Rotkohl- respektive Blaukraut-Problem ist damit allerdings nicht gelöst. Unter www.chefkoch.de sind zu allen Zutaten Rezeptvorschläge zu finden. Nach einigem Stöbern – manches klingt toll, ist aber viel zu aufwendig – kommt »Rotkohl-Pasta-Auflauf« ins Bild.

Die Zutatenliste ist überschaubar, leider werde ich sie dennoch reduzieren müssen: Blaukraut, Zwiebel, Knoblauch, Pinienkerne, Sultaninen, frischer Thymian, Cheddarkäse, Nudeln, Salz, Pfeffer, Öl. Pinenkerne und Sultaninen müssen raus, obwohl genau sie vermutlich den Charme des Gerichts ausmachen. Statt des Cheddars nehme ich einfach den Rest vom geriebenen Gouda, noch 60 Gramm sind in der Tüte. Statt frischen Thymians kommt die italienische Kräutermischung rein. Weil ich nett sein will, lasse ich sogar den Knoblauch weg: Nachher steht ein Zahnarzt-Termin an.

Einen Versuch ist es wert. Außerdem ist es längst Mittag, und ich habe Hunger. Die Zwiebel hacken, in Öl andünsten, 250 Gramm fein geschnittenes Kraut mitdünsten, schwach salzen, Kräutermischung darüberstreuen. Weil ich nur Spaghetti da habe, tue ich etwas, was ich eigentlich schrecklich finde: Ich breche die Nudeln in kurze Stücke, bevor ich sie in Salzwasser koche. Schließlich gegartes Blaukraut in eine Auflaufform packen, die Nudeln drauflegen und den geriebenen Käse darüber verteilen. Überbacken, bis der Käse geschmolzen ist.

Ich habe mir nichts Großes versprochen von diesem Gericht, es schmeckt überraschend gut. Verbindlichen Dank an »aria« von der Chefkoch-Gemeinde für die Anregung!

Dann der Zahnarzt. Für mich als Kassenpatientin kostet die Zuzahlung für die »professionelle Zahnreinigung« 105 Euro, dazu kommen noch die 10 Euro Praxisgebühr, 115 Euro also für eine Vorsorgebehandlung. Bekommt man so was als Extra-Aufwendung erstattet bei Hartz IV? Falls nicht: Wie soll man das von 351 Euro im Monat bezahlen? *(Später erzählt mir ein Freund, dass sein Zahnarzt nur 50 Euro Zuzahlung nimmt. Muss mal über einen Wechsel nachdenken.)*

Mal sehen, was der Regelsatz außer spartanischem Essen alles hergibt. Da gibt es einen Posten, der heißt »Sonstige Freizeit- und Kulturdienstleistungen«. Damit ist wohl so etwas wie Kino gemeint. 2,26 Euro sind monatlich vorgesehen. Alle zwei Monate kann man also, wenn Anfang der Woche nur der halbe Preis fällig ist, ins Kino gehen. Ist doch was. Heute ist Dienstag, und ich war schon lang nicht mehr im Kino.

Im Arri kostet es dienstags nur vier Euro, und es läuft »Die Frau des Anarchisten«, eine Geschichte aus dem spanischen Bürgerkrieg. Für heute bin ich es leid, mich mit Erbsenzählen zu beschäftigen, es gibt Kultur. Wie gut, dass ich Plätzchen gebacken habe. Ein paar von ihnen dürfen mich ins Kino begleiten.

Spätes Frühstück: Tee mit Milch 0,35 €, 1 1/2 Eier 0,44 €, Schnittlauch 0,60 €, 1/3 Gurke 0,50 €, Joghurt, Salz, Pfeffer, Brot, Butter, Marmelade 0,35 € = **2,24 €**

Spätes Mittagessen: Blaukraut 0,85 €, Spaghetti 0,22 €, geriebener Käse 0,84 €, Zwiebel, Öl, Salz, Pfeffer 0,20 € = **2,11 €**

Abends nur noch: Plätzchen **0,20 €**

Tagesverbrauch: 4,55 €

Obst / Gemüse: *Schnittlauch, Gurke, Blaukraut, Zwiebel*

20 Cent über dem Limit, obwohl sogar das Abendessen ausgefallen ist. Ich lerne es wohl nie.

5. Tag
Geburtstag

Toller Klimawandel: Zum ersten Mal in meinem Leben muss ich an meinem Geburtstag einheizen. Beim Gedanken an die Heizkostenabrechnung wird mir flau.

Jetzt aber erst mal gemütliches Frühstück. Sonst habe ich immer Einladungen ausgesprochen zu meinem Geburtstag und schon in den Tagen davor vorbereitet: eingekauft, gekocht, gebacken. Am Tag selbst dann früh aufgestanden, geräumt und gemacht, bis ich schließlich, wenn die Gäste kamen, schon ziemlich durch den Wind war. Fertig war ich in der Regel trotzdem noch nicht, alle mussten mit anpacken, dann wurde es lustig.

Ganz anders diesmal. Ich habe niemanden eingeladen – wie auch von den paar Kröten, die zur Verfügung stehen. Wer sich erkundigte, bekam gesagt, dass ich da sei, mich über Besuch freue, aber nichts vorbereitet sein würde. Nichts gekocht, nichts gebacken.

Das Ergebnis ist ein Traum: Kein Wecker klingelt, ich schlafe aus, mache Frühstück. Dafür schneide ich eine Orange und ein Drittel der Banane klein, gebe ein paar Löffel Flocken dazu und fast alles, was noch an Joghurtresten vorhanden ist. Fertig ist das Müsli. Den größeren Teil der Banane zerdrücke ich und verrühre ihn mit dem noch übrigen Quark, dem allerletzten Löffel Joghurt und etwas Zucker. Kommt in den Kühlschrank für morgen.

Mit Tee und Müsli mache ich es mir auf dem Sofa gemütlich. Lese ein bisschen Zeitung, nehme freundliche Anrufe entgegen. Sehr entspannt.

Schließlich packt mich doch die Unruhe. Gar nichts zum Anbieten da zu haben, ist einfach nicht mein Stil. Gestern habe ich noch in der Glücklichen Stunde in der Hofpfisterei zwei Viertellaibe mit 25 Prozent Rabatt geholt, damit wenigstens Brot im Haus ist, 2,60 Euro habe ich dafür bezahlt. Aber bloß trocken Brot anbieten möchte ich auch nicht.

Also doch noch schnell in den Naturkost-Laden radeln. Ein Pfund

Erdbeeren an diesem Tag, das muss doch sein! Sie sind im Sonderangebot, wie ich aus der Kunden-Rundmail weiß, 2,99 Euro das
Pfund. Dann aber auch einen Becher Schlagsahne, 79 Cent. Joghurt
ist alle, diesmal nehme ich nur den vollfetten (89 Cent). Da ich
ohnehin Mühe habe, auf ausreichend Kalorien zu kommen, wäre es
ziemlich doof, fettarme Produkte zu kaufen, denn die Kalorien, die
dabei weggenommen werden, muss ich anderweitig wieder teuer
einkaufen. Diese Lektion habe ich immerhin schon gelernt.

Für die Gäste muss noch Milch her, für den Tee, in diesem Fall
dann doch die fettarme, weil sie ein Zehnerl billiger ist: 99 Cent.
Für das gesparte Zehnerl, stelle ich dann fest, verzichtet man allerdings auf viel Geschmack; mit der mageren Milch schmeckt der
Tee furchtbar lätschert. In Zukunft also nur noch richtige Voll-
milch. Gestern habe ich noch im Drogeriemarkt eine Packung Linsen (1,65 Euro) besorgt, um wenigstens eine Linsensuppe in petto
zu haben. Jetzt breche ich von einer Staude Bleichsellerie eine einzelne Stange herunter und lege sie in den Korb. Kostenpunkt
15 Cent, kann man nichts sagen.

Ich hadere und zaudere, schießlich landet das mit 1,99 Euro recht
teure Bund Frühlingszwiebeln daneben, außerdem einige Kartoffeln (ein knappes Kilo 1,42 Euro) und Zwiebeln (33 Cent) sowie
zwei Karotten (28 Cent), eine Orange (34 Cent) und eine Kiwi
(29 Cent). Als letztes genehmige ich mir 200 Gramm Chorizo
(4,29 Euro), die scharfe spanische Paprikawurst. 50 Gramm lasse ich
mir fein aufschneiden, als Brotbelag, der Rest bleibt ganz, damit ich
sie fein gewürfelt in der Linsensuppe versenken kann. Gemüsebrühwürfel müssen noch sein.

14,75 Euro bin ich los, es wird ein böses Ende nehmen. Zuhause
angekommen, mache ich mir ein wunderbar köstliches Wurstbrot.

Mittags steht als erster Besucher mein Sohn vor der Tür, mit selbst-
gebackenem Kuchen! Er ahnt nicht, wie willkommen dieses Geschenk ist. Denn (noch) hat er keine Ahnung von meinem harten
Sparkurs beim Essen. Eine Freundin bringt ebenfalls Kuchen, eine
andere eine Riesenschüssel griechischen Salat, ein Freund hat Rot-
wein dabei.

Es werden mehr Leute, als ich mir vorgestellt habe. Da ich nicht meine besten Freunde für mein Experiment büßen lassen will, greife ich jetzt doch in die Weinbestände. Schließlich wissen sie, dass Wein im Haus ist. Es würde sehr ungastlich und geizig und auch schrullig wirken, wenn ich nichts davon herausrückte. Wir leeren ein paar Flaschen und amüsieren uns bestens. Auch wenn wir vielleicht nicht so opulent geschmaust haben wie sonst, kam doch kein Gefühl des Mangels auf.

Am Ende des Tages habe ich Brot, Tee, Milch und Sahne (und Wein) investiert und jede Menge Kuchen und Salat gefuttert, ein großes Stück Kuchen ist noch übrig. Zum Suppekochen komme ich gar nicht, die Erdbeeren bleiben unbeachtet in der Küche liegen.

Frühstück: Tee mit Milch 0,35 €, Müsli aus 1 Orange, 1/3 Banane, Flocken, Joghurt 0,70 € = **1,05 €**

Rest des Tages: Brot 2,85 €, Sahne 0,79 €, Tee mit Milch 1,00 € = **4,64 €**

Tagesverbrauch: 5,69 €

Obst / Gemüse: Orange, Banane, Salat mit Gurke, Tomate, Paprika

Viel zuviel ausgegeben, einerseits. Aber für eine schöne Geburtstagsfeier dann doch wieder sensationell wenig!

6. Tag
Verschämt im Buchladen

Nun stehe ich da, mit meinen Erdbeeren und der Chorizo. Zum Frühstück brauche ich sie nicht, da gibt's einfach den übriggebliebenen Kuchen. Es klingelt. Eine Freundin, die nachträglich gratuliert. Rasch eine zweite Kanne Tee gemacht. Der Tee wird nie im Leben bis Monatsende reichen, oder?

Jetzt heißt es gut überlegen, wie die vorhandenen Zutaten am gewinnbringendsten zu verwerten sind. Da ist noch die angebrochene Flasche mit den passierten Tomaten, die darf keinesfalls verkommen. Einerseits ist damit Tomatensauce für Spaghetti zu machen, das wäre eine ganze Mahlzeit; die Selleriestange, fein aufgeschnitten, würde sich gut darin machen. Oder doch Linsen? Die halten aber. Und die Wurst? Die Frühlingszwiebeln?

Die Wahl fällt schließlich doch auf Linsensuppe, in die aber nur die Hälfte der Tomaten kommt. Der Rest wartet im Kühlschrank darauf, morgen in Tomatensauce verwandelt zu werden. Zwei Kartoffeln finden in der Linsensuppe ihre letzte Heimat, zusammen mit Zwiebel, Knoblauch, Sellerie, Karottenwürfeln, alles in Öl angedünstet und mit Tomatenpüree und Gemüsebrühe aufgossen, mit Salz und Pfeffer abgeschmeckt. Frühlingszwiebelringe schmücken die fertige Suppe. Dazu ein Brot mit Butter und Chorizo, als Nachtisch ein paar Erdbeeren.

In der Buchhandlung um die Ecke habe ich das »Hartz-IV-Kochbuch« bestellt, weil ich neugierig bin, wie andere an das Thema rangehen. Bevor ich gehe, um es abzuholen, ertappe ich mich dabei, dass ich mich besonders sorgfältig anziehe. Ich möchte wohl nicht so wirken, als ob ich es nötig hätte. Seltsam. Großverleger X und Bankier Y laufen bestimmt nicht gschamig durch die Gegend. Es schämen sich meist nur die, die in einer Notlage sind, selten jene, die anderer Leute Notlagen verursachen.

In der Buchhandlung erfahre ich, dass das Buch vergriffen ist und erst im Herbst neu aufgelegt werden soll. Sei's drum. Eine interessante Lehre habe ich trotzdem schon daraus gezogen: nämlich die, wie schnell sich Selbstbewusstsein in Luft auflöst, wenn man knapp bei Kasse ist.

Abends gibt's nochmal was von der Suppe plus Butterbrot und hinterher den gestern vorbereiteten Bananenquark. In den schnipple ich noch eine Kiwi hinein, zwecks Erfüllung des Obst-Gemüse-Solls. Ein Plätzchen gibt's dazu, zwecks Vergnügen. Von der Linsensuppe bleibt ein Rest für morgen. Oder für übermorgen.

Frühstück: *Tee mit Milch 0,50 €, Kuchen 0,00 € =* **0,50 €**

Mittagessen: *Linsen 0,42 €, Karotte 0,14 €, Kartoffeln 0,35 €, Zwiebel und Knoblauch 0,11 €, Gemüsebrühe 0,11 €, passierte Tomaten 0,35 €, Selleriestange 0,15 €, 1 Frühlingszwiebel 0,33 € = 1,96 €. Davon die Hälfte: 0,98 €.*
Dazu Brot mit Butter und dünnen Chorizo-Scheiben 0,65 €, 100 g Erdbeeren 0,60 € = **2,23 €**

Abendessen: *Linsensuppe 0,49 €, Butterbrot 0,20 €, Bananenquark 0,60 € =* **1,29 €**

Tagesverbrauch: 4,02 €

Obst / Gemüse: *Linsen, Karotte, Tomaten, Sellerie, Frühlingszwiebel, Erdbeeren, Banane*

Zum ersten Mal den Regelsatz unterschritten – aber auch bloß, weil ich noch ein Stück Geburtstagskuchen fürs Frühstück übrig hatte.

7. Tag
Die Vermessung der Makrele

Lese im Internet, dass die Suppenindustrie im Aufwind ist. In schlechten Zeiten greifen die Menschen auf preisgünstige Eintöpfe zurück, um zu sparen. Das Gute daran: Auf diese Weise sollte eigentlich auch der Fleischkonsum zurückgehen. Das wäre in jeder Hinsicht ein Vorteil: für unser aller Umwelt, für die Gesundheit jedes einzelnen.

Gestern abend habe ich einen Freund zum Essen begleitet. Eigentlich waren Französisch-Konversation und Klavierspielen angesagt. Aber Monsieur hatte Hunger und wollte zunächst essen gehen. Das Piano blieb allein zuhause, und ich durfte zusehen, wie der Herr einen Riesenburger mit – laut Karte – 160 Gramm bestem Rindfleisch verdrückt hat. Ihm hat's sichtlich geschmeckt. Ich erfand einen Vorwand, wieso ich nicht mitessen könnte.

Jetzt aber Frühstück: Es sind noch Erdbeeren da, die kommen ins Müsli. Ich werde nicht jeden Tag für jedes Gericht die Kalorien berechnen, weil das nervt, aber was das morgendliche Müsli mitbringt, interessiert mich schon. Schüsselchen auf die Waage stellen und mal gucken, wieviel ich so aus dem Handgelenk hineinschütte. Zwei Portionen Obst sind bereits drin: 125 Gramm Erdbeeren, dazu eine kleingeschnittene Orange. Die Waage auf Null und einen Schwapps Müslimischung drüber: ziemlich genau 40 Gramm. Joghurt dazu, sind 123 Gramm, etwa ein Viertel des 500-Gramm-Bechers. (Mit dem vollfetten Joghurt schmeckt das Müsli übrigens gleich viel leckerer.)

Also: 85 Kalorien für den Joghurt, 150 für die Müslimischung, 39 für die Erdbeeren, 68 für die Apfelsine. 342 Kalorien also für das ganze Müsli, das muss jetzt als Richtwert herhalten. Dieses Müsli enthält aufgeschlüsselt übrigens 8 Gramm Fett, 11,5 Gramm Eiweiß und 50 Gramm Kohlehydrate. Optimal. Die 100 Milliliter Milch im Tee bringen nochmal 85 Kalorien, 1,6 Gramm Fett, 5 Gramm Kohlehydrate und 3,8 Gramm Eiweiß mit. Scheint mir äußerst vernünftig. Dazu gibt es ein Butterbrot, heute mit geräucherter Makrele. Denn gestern war Wochenmarkt an der Münchner Freiheit, dort ist ein Fischstand, wo ich mir oft diesen Räucherfisch hole. Ist das ein Bio-Fischstand? Im Prinzip nein. Aber Makrele gehört zu den Wildfischen, denen selbst Greenpeace bescheinigt, dass sie noch nicht von Überfischung bedroht sind. Also erlaubt.

Im Bioladen gibt es leider kaum Fisch, das Wenige kommt aus Aquafarmen, meist Süßwasserfisch. Der bringt leider nichts an Jod mit für notleidende, ozeanferne Bajuwaren. Seefisch muss es sein, und da gibt es in der Bio-Zuchtversion nur Lachs. Definitiv zu teuer. Lachs esse ich kaum noch. Den üblichen Zuchtlachs, der bis zum Stehkragen mit Medikamenten vollgepumpt ist – pfui Deibel, nein! Lachs aus Wildfang? Zumindest teilweise bedroht. Bleibt Bio-Zucht-Lachs, und der ist mir selbst in besseren Zeiten meist zu teuer.

Auch die Makrele entgeht nicht der akribischen Vermessung. Sorgfältig die Filets auslösen und ab auf die Waage. Ausbeute: ziemlich exakt ein halbes Pfund. 50 Gramm davon landen jetzt auf einer Scheibe Vollkornbrot mit Butter. Etwas schwarzen Pfeffer darübermahlen – absolut oberlecker. Der Frühstücksbilanz werden somit nochmal 250 Kalorien (aufgeschlüsselt in 12 Gramm Eiweiß, 10 Gramm Fett und 20 Kohlehydrate) hinzugefügt. Knapp 680 Kalorien fürs Frühstück sind eine sehr solide Grundlage für den Tag.

Und die Kosten? Erdbeeren 75 Cent – schon mal zu teuer, darf nicht mehr vorkommen. Orange 34 Cent, Müslimischung 11 Cent, Joghurt 22 Cent, Milch 9 Cent, Tee 10 Cent, Brot 14 Cent, Butter 6 Cent, Makrele 74 Cent. Macht 2,55 Euro, mehr als die Hälfte des Tagessatzes. Da kann einem wirklich der Appetit vergehen.

Meine Freude über das schöne Frühstück ist wie weggepustet. Selbst wenn ich die Erdbeeren wegrechne, ist es zuviel. Das »normale« Müsli, also mit zwei Stück preiswertem Obst, kostet demnach 1,01 Euro. Den Fisch möchte ich nicht weglassen, der scheint mir zur vernünftigen Ernährung dazuzugehören. Obwohl man auch das in Frage stellen kann. Vegetarier essen schließlich nie Fisch und leben trotzdem in der Regel besonders gesund. (Auch wenn es Leute gibt, die Fisch essen und von sich behaupten, Vegetarier zu sein: Vegetarier essen keine Tiere. Fische sind Tiere. Also sind Menschen, die Fisch essen, keine Vegetarier, egal, wie sie selber sich nennen!)

Gibt es eine Möglichkeit, das auszugleichen? Vielleicht doch bei Sarrazin spicken. Für den zweiten Tag empfahl der damalige Finanz-Senator Gemüsesuppe zum Mittagessen. Gute Idee, bringt bloß leider so gut wie keine Kalorien. Zum Abnehmen perfekt, ist aber nicht die Grundidee von Hartz IV. Seine Spaghetti Bolognese, die er für ein anderes Mittagessen vorschlägt, gehen von 38 Cent für 100 Gramm Fleisch aus. Das ist dann allerdings Fleisch, das auf eine Weise erzeugt wird, die sich der Herr vermutlich selbst nicht so gern genauer ansehen möchte. Da würde nämlich auch ihm der Appetit vergehen.

1,70 Euro sind noch für den Rest des Tages zur Verfügung. Wie ist das zu schaffen? Von der Linsensuppe ist noch die Hälfte da (98 Cent), reicht aber nicht. Butterbrot dazu kostet 20 Cent. Bliebe grad noch ein halber Euro. 125 Gramm Nudeln sind 27 Cent, da darf dann nur ein kleines Kleckerchen Tomatensauce drauf. Und selbst der Pfefferminztee am Abend ist gestrichen. Porca miseria.

Reichen dann wenigstens die Nährwerte? 450 Kalorien für die Spaghetti, 140 fürs Butterbrot, 410 für den Linseneintopf, sind 890 Kalorien, die zu den 680 vom Frühstück dazukommen, ist in der Summe – 1680 – schon wieder viel zu wenig. Wo bekomme ich noch 320 Kalorien her? Nehmen wir mal an, ich hätte statt der teuren Erdbeeren einen preisgünstigeren Apfel ins Müsli geschnippelt. Dann wären noch 37 Cent übrig. Zwei Butterbrote, 280 Kalorien, gibt's für 40 Cent. Knapp daneben, aber doch recht nah am Zielwert. Das könnte man so gelten lassen.

Wie das kleinliche Tüfteln und Rechnen nervt! Aber anders kann ich mir keinen Überblick verschaffen.

Statt 125 Gramm koche ich nun 150 Gramm Nudeln, damit springe ich – für fünf Cent mehr – über die 2000-Kalorien-Marke. Aus dem restlichen Tomatenpüree, einer feingehackten Zwiebel, einer Knoblauchzehe, getrockneten Kräutern, Salz, Pfeffer und etwas Öl wird eine Tomatensauce geköchelt. Von der fertigen Sauce gibt's zwei geizig-knappe Esslöffel voll über die Spaghetti. Und ein Löffelchen

Butter, ich bin schließlich kein Masochist. Schmeckt nicht übel, nur das Fehlen von Salat oder einem Stück Obst hinterher macht sich unangenehm bemerkbar.

Blattsalat ist sowas von überhaupt nicht drin; kommt übrigens auch in Sarrazins genialem Speiseplan nicht vor. Das Schwierigste, soviel kristallisiert sich inzwischen heraus, ist es, ausreichend Kalorien UND ausreichend Obst und Gemüse abzukriegen. Denn das Grünzeug bringt nun mal kaum Kalorien mit, kostet aber. Morgen muss wieder Kohl ins Haus. Diesmal ein weißer, für Krautsalat. Werde gleich nach einem Rezept schauen.

Abends mit Freunden in die Kneipe gegangen. Habe mir ein Bier gegönnt (Tegernseer Hell, sehr fein) und dafür 3,50 Euro bezahlt (insgesamt zehn Euro im Monat sieht der Regelsatz für »Verpflegungsdienstleistungen« vor). War schön. Besser als Pfefferminztee allein daheim. Gegessen habe ich später, als ich wieder zuhause war. Linsensuppe.

Einkaufsliste für morgen: Kohl, Essig, Kümmel, Speck, Eier, Obst.

Frühstück: Tee mit Milch 0,19 €, Müsli mit Erdbeeren und Orange 1,42 €, Brot mit Makrele 0,94 € = **2,55 €**

Mittagessen: Linsensuppe mit Butterbrot **1,18 €**

Abendessen: Spaghetti mit Tomatensauce **0,60 €**

Tagesverbrauch: 4,33 €

Extra: 3,50 € für ein Bier im Lokal

Obst / Gemüse: Erdbeeren, Orange, Linsen, Tomatensauce

Wow! Zwei Cent unter dem Limit geblieben! Denn die 3,50 Euro fürs Bier gehen ja von einem anderen Etat weg, nämlich den 10 Euro »Verpflegungsdienstleistungen«.

Durch das Bier habe ich jetzt allerdings sogar zu viele Kalorien aufgenommen. Wird sich schon wieder ausgleichen. Zunehmen werde ich bei dieser Hartz-IV-Diät gewiss nicht, da bin ich mir sicher.

8. Tag
Besuch beim Discounter, Episode I

Ich wüsste gern, ob es Möglichkeiten gibt, Bioprodukte günstiger zu bekommen, und gebe bei einem bekannten Internet-Suchdienst »bio« und »billig« ein. Nebst anderem erscheint ein Artikel, geschrieben im Frühjahr 2008 für das Jugendmagazin der SZ. Discounter werden als Einstieg gelobt, denn dort sei Bio billiger. Das wollte ich sowieso überprüfen. Heute ist Samstag, eine Einkaufstour fällig. Auf zu Aldi und Konsorten!

In Schwabing, wo ich wohne, gibt es keinen Aldi. Vor vielen Jahren hat ganz in der Nähe, in der Hohenzollernstraße, zwar der erste Aldi Bayerns aufgemacht. Damals nannte sich der Laden noch Albrecht. Es war in den Siebzigern, ich war noch ein Schulmädel. »Konsumterror« war damals ein Schlagwort, und wenn man links war – alle netten Menschen waren links – wollte man sich »dem Konsumterror verweigern«.

Die Gleichzeitigkeit dieser Geisteshaltung und der Eröffnung von Albrecht/Aldi führte zu einer fatalen Verwechslung. Wir glaubten, wenn wir möglichst wenig Geld ausgäben, wären wir keine »Konsumtrottel« (auch so ein Schlagwort damals). Also kauften wir bei Albrecht ein, spuckten auf protzige Konsumtempel und ließen Tante-Emma-Läden links liegen. Deren in der Folge unabwendbarer Niedergang wurde von uns umgehend bejammert.

Aber sind nicht die wahren Konsumgeier jene, die für möglichst wenig Geld möglichst viel haben, haben, haben wollen? Ohne Rücksicht darauf, ob der Preis fair ist. Ob der Bauer davon leben kann.

Der nächste Aldi befindet sich an an der Nordseite des Frankfurter Rings. Mit dem Rad an einem sonnigen Tag wie heute problemlos zu erreichen. Auf der Strecke dorthin befindet sich eine Niederlassung von Lidl, dem Unternehmen, das so fürsorglich auf seine Mitarbeiter schaut. Auch hier soll es Bioprodukte geben. Aldi muss warten.

Das am dringendsten Benötigte ist Frischware, also Obst und Gemüse. Kartoffeln kosten 1,49 Euro für den Drei-Pfund-Sack.

Kinder sollen Bio essen – Hilfsprojekte kurz vorgestellt

Überregionale Projekte

In zahlreichen Städten und Gemeinden gibt es die Initiative »Bio-Brotbox«. Erste Pakete mit gesunder Brotzeit aus Bio-Lebensmitteln wurden 2002 auf Initiative der damaligen Verbraucherministerin Künast in Berlin gepackt und am ersten Schultag an Erstklässler verteilt. Die Box enthält Brot, Karotte, vegetarischen Aufstrich, Müsli, Teebeutel und Milch – und einen Comic zum Thema. Die Hoffnung der Initiatoren ist, dass die Box künftig von Eltern ebenfalls stets mit gesundem Inhalt gefüllt und den Kindern mit in die Schule gegeben wird. Wenn Sie das gut finden und es noch keine Bio-Brotbox an Ihrem Ort gibt, ergreifen Sie doch einfach die Initiative. **www.bio-brotbox.de**

Die Basic-Biomärkte geben von jedem Einkauf einen Cent an ein Projekt »Mittagstisch für Kinder« in den verschiedenen Städten. Dabei geht es nicht immer um Öko-Essen, sondern darum, dass die Kinder überhaupt mal richtig satt werden – denn leider werden viele Kinder zuhause morgens und mittags gar nicht versorgt. Also: Wenn Sie viel einkaufen und gerade die Zeit und die Nerven dazu haben: Bezahlen Sie jedes Teil extra, dann fließt mehr Geld ins Projekt. Oder stecken Sie zusätzlich was in die Spendenbox. **www.basic-bio.de**

Regionale Projekte:

München: Damit die Zwergerl in Kitas und Grundschulen Energie aus ökologisch einwandfreien Quellen tanken können, haben sich etliche Initiativen der Schul- und Kindergarten-Nahrung angenommen. **Bio für Kinder** heißt ein Gemeinschaftsprojekt von Tollwood (dem zweimal jährlich stattfindenden Musik- und Theater-Festival mit bio-zertifiziertem Gastronomie-Bereich). Unternehmen übernehmen Patenschaften für einzelne Kinderbetreuungsstätten und ermöglichen, dass die auf Verpflegung mit Bio-Lebensmitteln umstellen. Begleitet wird das Ganze durch Info-Veranstaltungen und »Kochen-mit-Kindern«-Aktionen. **www.bio-fuer-kinder.de**

Zur Nachahmung für andere Städte empfohlen. Legen Sie einfach los. Sie wollen helfen, haben aber kein Geld? Dann haben Sie doch vielleicht Zeit, die Sie ehrenamtlich zur Verfügung stellen können. Machen Sie den Anfang, und Sie werden Mitstreiter finden. Solche mit Zeit und solche mit Geld.

Und die Politik? Die EU hat Geld lockergemacht, um Obst und Gemüse in Schulen zu verteilen. 21 Mio. Euro stehen für Deutschland zur Verfügung. Bedingung: Das Staat tut den gleichen Betrag dazu. Weil sich Bund und Länder nicht einigen können, wer das zahlen soll, verschimmeln die 21 Millionen in Brüssel, die Kinder essen derweil Schokoriegel und Pommes. Um die Abwrack-Milliarden hat man nicht so lange gezankt.

Kartoffeln sind immer gut, also her damit. Bananen gibt es zu 1,79 Euro, das sind 20 Cent weniger als bei Basic. Allerdings sind auch sie abgepackt, das möchte ich nicht, schließlich sind Bananen weniger haltbar als Kartoffeln.

Aber da in der Kiste bereits einiges Durcheinander herrscht, wage ich es, eine Tüte aufzureißen, zwei Bananen abzubrechen und in die Tüte zurückzupacken, damit an der Kasse ersichtlich ist, dass es Bioware ist. Immerhin achte ich darauf, dass die Bananen, die ich lose liegenlasse, ebenfalls ein Biosiegel tragen, damit der nächste Kunde weiß, was Sache ist. Die Kasse akzeptiert die losen Früchte.

Kiwis kosten im 500-Gramm-Körbchen 1,49 Euro. Sechs Stück liegen darin, sie sind noch etwas fest. Die kommen mit, auf diese Weise ist ein Obstvorrat da.

Ganz sicher bin ich mir allerdings nicht, ob das eine kluge Wahl war. Bei Basic würden sechs Stück zwar 25 Cent mehr kosten, dafür bekäme ich sie allerdings einzeln und hätte erstens nicht das Risiko, dass die Früchte im Lauf der Tage verderben, und müsste zweitens nicht eine Woche lang ständig Kiwi essen.

Der Rest ist völlig uninteressant. Karotten sind nicht billiger, außerdem stört auch hier wieder die Großpackung: Das Gemüse kann nicht Stück für Stück ausgewählt werden, außerdem besteht Gammelgefahr. Die abgepackten Äpfel sind mit 2,99 Euro ebenso teuer wie im Biomarkt, die Birnen sind teurer. Da sie in einer Schale liegen, ist nur eine Hälfte der Früchte sichtbar. Ob sie auf der anderen Seite heil sind oder womöglich unschöne Stellen haben, erfährt man erst, wenn man sie zuhause auspackt. Damit ist das Angebot an Frischware im übrigen schon erschöpft. In Sachen Bio ist Lidl somit keine Alternative.

Schwindlig wird mir beim Blick auf die Preisschilder für konventionelle Ware. Bei den Salatgurken ist auf dem Schild »0,39 Euro« durchgestrichen und durch »25 Cent« ersetzt. Angesichts der appetitlichen Frühlingszwiebeln (29 Cent) juckt es mich in den Fingern. Bei den knackigen Radieschen, ebenfalls 29 Cent, beginnt meine Hand, nervös zu zucken. Bevor ich gleich von Krämpfen geschüttelt werde, haste ich in Panik Richtung Kasse. Bei solchen Preisen kann man wahrlich vom Glauben abfallen.

Nun habe ich Kartoffeln, Kiwis und Bananen. Obst stand auf dem Einkaufszettel, das ist in Ordnung. Die Kartoffeln reuen mich schon fast. Werden sie in der Qualität den Erdäpfeln aus dem Biomarkt ebenbürtig sein?

Was ich noch brauche, sind Weißkraut, Essig und Kümmel.

Weiter Richtung Aldi. Leider werde ich schon wieder aufgehalten. Ein »Plus« steht im Weg. Mal schauen, was es dort Feines gibt. Plus hat eine Biomarke namens »Bio Bio«, die Auswahl ist recht umfangreich.

Meine Augen werden magisch angezogen von einem Schild, auf dem steht: »30 Prozent billiger«. Bio-Rinderhack, bei dem das Mindesthaltbarkeitsdatum zwar noch nicht erreicht, aber nah ist, soll statt 2,49 für die 400-Gramm-Packung bloß 1,74 Euro kosten. Dieser Versuchung kann ich nicht widerstehen, rasch grapsche ich nach dem Paket.

Bei der Kühltheke für Milchprodukte gehen mir die Augen über. Ich bin kurz davor, in einen Kaufrausch zu verfallen. Der Kilo-Eimer Bio-Bio-Stracciatella-Joghurt ist ebenfalls um dreißig Prozent herabgesetzt. Ich drücke ihn fest an mich. Auch die fettarme Frischmilch kostet ein Drittel weniger als normal.

Fieberhaft überlege ich, was ich mit der Milch Sinnvolles anfangen könnte. Pudding kochen? Milchreis auf Vorrat? Bevor ich mich auf den Weg gemacht habe, habe ich gut gefrühstückt, zum Glück, vermutlich rettet das meinen Verstand. Noch nie in meinem bisherigen Leben hatte ich ein Verlangen nach Stracciatella-Joghurt verspürt, und Milchreis muss ich heute auch nicht haben. Milch und Joghurt kommen zurück ins Kühlregal. Aber wenn ich mal Milch brauche, ist es gut zu wissen, dass es hier samstags womöglich ein Sonderangebot gibt.

Immer noch fehlt der Kohl. Gibt es, ist aber nicht bio. Dafür Orangen, das Kilonetz zu 1,59 Euro. Dürfen mitkommen. Die Bio-Bio-Eier sind mit 1,55 Euro günstiger als im Bioladen – und sie sind größer. Kommen mit. Echte Freude kommt auf, als ich die Kräutertöpfe entdecke: Glatte Petersilie gibt es, Schnittlauch, Basilikum. Die Wahl fällt auf die Petersilie.

Sogar Sojamilch gibt es in Bio-Qualität, wahlweise als Schoko- oder Vanillemilch (nützt mir nichts für meinen Tee) oder als Soja-Reis-Drink. Schwieriges Abwägen: Habe ich noch nie probiert, könnte sein, dass sie mir nicht schmeckt. Andererseits ist dieser Drink 30 Cent billiger als die Sojamilch, die ich sonst kaufe. Probieren geht über studieren, der Reisdrink darf mit.

Schon 10,98 Euro ausgegeben und noch kein Kohl in Sicht. Vielleicht den Krautsalat vertagen? Aber zuhause ist kein Gemüse mehr. Erst mal die Schätze, vor allem das Fleisch, in sichere Obhut gebracht. Für den Kohl muss ich dann nochmal losziehen. Außerdem wäre es mir sehr peinlich, mit den vollen Taschen in meinem Stammladen aufzukreuzen.

Der Plan, zu Aldi zu gehen, ist für heute gestrichen. Kann ich mir einfach nicht mehr leisten.

Im Fuchsbau an der Ungererstraße gibt es einen Riesenladen, Bio und Reformhaus kombiniert. Die Weißkohlköpfe sehen etwas übriggeblieben aus. Aber Essig muss es hier geben. Apfelessig, in Demeter-Qualität – so etwas wie die Königsklasse unter den Bio-Verbänden –, die Dreiviertel-Liter-Flasche zu 1,79 Euro erscheinen mir konkurrenzlos günstig. Tatsächlich sehe ich später die identische Flasche in einem anderen Laden zu einem deutlich höheren Preis. Kümmel kostet mehr als 2 Euro, zuviel. Es bleibt beim Essig, trotzdem gibt es an der Kasse, mit freundlichem Lächeln, noch einen Schoko-Marienkäfer, »weil morgen Muttertag ist«. Dankeschön.

Siedend heiß fällt mir ein, dass ich um ein Haar die Probier-Aktion in »meinem« Laden verpasst hätte. Denn heute sind etliche Firmen anwesend, es gibt reichlich zu naschen. Damit ist klar, wo die Weißkohl- und Kümmelbeschaffe stattfindet.

Endlich bin ich wieder da, wo ich (fast) immer einkaufe, und es tut sich ein kleines Schlaraffenland auf: Hier ist ein Stand mit kleinen Brothappen mit neu kreierten Aufstrichen: Chili-Mango finde ich nicht so genial, andere schmecken recht fein. Sehr lecker einen Stand weiter das Zitronen-Müsli, auch Cappuccino-Crunchy schmeckt toll. Schoko-Bananen-Joghurt ist nach meinem Dafürhalten ein entbehrliches Produkt, die Schokolade und die Banane gehen eine eher unglückliche Verbindung ein. Köstlich und erfrischend dagegen der Zitronenjoghurt.

Aber jetzt: Käse, Wurst und Speck. Bergkäse mit Kräutern, milder Ziegenkäse, würziger Manchego mit Rosmarin, kerniger Parmesan, Butterkäse mit Salbei. Dann die spanische Paprikawurst und ein deftig geräucherter Speck. Mhmm. Ich lasse mir jeden Bissen auf der Zunge zergehen.

Um die Ecke ein Hanfstand. Ich probiere Hanfkuchen – sehr lecker – und tunke ein Stückchen Brot in Hanföl – nicht so lecker. Keine Ahnung, was ich in Summe hier zu mir genommen habe, gegen den gröbsten Hunger hat es jedenfalls geholfen.

Kümmel gibt es von zwei Herstellern, Preis jeweils 1,99 Euro – bloß dass einmal 50 und das andere Mal 60 Gramm enthalten sind. Die Entscheidung fällt leicht. Der Kohl ist mit 2,49 Euro das Kilo deutlich teurer als die letzten Tage, aber er ist frisch. Nicht mehr die über den Winter eingekellerten schweren Kugeln, sondern der junge Frühkohl, erkennbar daran, dass die Blätter locker und wellig sind. Der Kopf, den ich mir greife, dürfte gut ein halbes Kilo wiegen.

Nachher ist ein Kassensturz fällig. Soviel ist mir aber auch ohne Nachzählen klar. Ich werde die ganze nächste Woche überhaupt nichts einkaufen dürfen, wenn ich auch nur ansatzweise in die Nähe der erlaubten Summe kommen will.

Aber jetzt gibt es Erfreulicheres als Geldbeutel-Inspektion. Heute ist der erste Tag, an dem das Freibad am Luitpoldpark aufhat. Der einzige Grund, das zu verpassen, wäre schwere Krankheit oder Unwetter. Aber: Die Sonne lacht, und es geht mir gut. Kohl zuhause abladen, Badezeug packen und ab in die Georgenschwaige.

Die Kälte des ersten Moments, die einen fast quieken lässt. Die Überwindung, die es kostet, sich ganz ins kalte Wasser fallen zu lassen. Dann, nach den ersten Metern, das Gefühl, dass es so genau richtig ist. Der Blick in die blühenden Kastanien. Und auf einmal ist es, als wäre nie Winter gewesen.

Die Preise wurden seit vergangenem Sommer von 3,20 Euro auf 3,40 Euro erhöht. Aber: Kann man Geld besser anlegen? Inhaber des München-Passes, den bekommt man als Hartz-IV-Empfänger, bezahlen einen ermäßigten Eintrittspreis von 2,50 Euro. 4,63 Euro sind für »Besuch von Sport- und Freizeiteinrichtungen« vorgesehen, das reicht noch nicht mal für zwei Schwimmbadbesuche im Monat. Zu wenig.

An welchem im Regelsatz enthaltenen Posten könnte man sparen? Ja, es ist eine Schande, wenn ausgerechnet ich als Print-Journalistin so etwas äußere, aber ich würde – natürlich nur während der kurzen Freibad-Saison – glatt auf die Zeitungen verzichten, für die 10,24 Euro veranschlagt sind. Dann hätte ich 14,87 Euro. 13 Cent würden sich irgendwo noch finden, dann wären es schon sechs Mal Freibad. Immerhin.

Für Tage, an denen es nicht für die Eintrittskarte reicht, gibt es eine prima Alternative: Von Anfang Mai bis Ende September täglich um 18 Uhr »Gymnastik im Park«. Eine Dreiviertelstunde lang, kostenfrei. Spendiert von der Stadt, gesponsert von der Stadtsparkasse. Im Luitpoldpark beispielsweise, das ist für mich der nächste, und in etlichen anderen Münchner Parks.

Nach Schwimmen und Gymnastik im Park bin ich völlig geschafft und hungrig wie ein Wolf. Der Mini-Schoko-Marienkäfer, das Geschenk aus dem Reformhaus, leistet Erste Hilfe. Bevor ich anfange zu kochen, genehmige ich mir als kleines Stärkungsmittel einen Obstsalat: eine Kiwi, eine Orange und eine Banane, in Stückchen geschnitten. Himmlischer Luxus (Kiwi 25 Cent, Banane 32 Cent, Orange 27 Cent). Damit und mit den Erdbeeren von heute morgen habe ich mein »Fünf-am-Tag«-Soll eigentlich erfüllt.

Aber jetzt geht es an den Kohl. Krautfleckerl soll es geben, ein traditionelles Arme-Leute-Essen, aber sehr gut. So sagt man jedenfalls, gegessen habe ich sie noch nie. Weil ich keine passenden Nudeln habe und weil ich möchte, dass es richtig gut wird, mache ich die Nudeln schnell frisch.

Einladen

Einladen? Das soll ein Stichwort sein? Wo das Geld doch schon für einen nicht reicht!

Aber ja doch, einladen ist wichtig. Denn wenig Geld haben mag schlimm sein, arm und einsam zu sein ist noch unerfreulicher. Pflegen Sie also Ihre Freundschaften, sie sind Ihr kostbarstes Gut.

Und knüpfen Sie neue Kontakte. Engagieren Sie sich ehrenamtlich, das tut denen gut, denen Sie helfen – aber auch Ihnen selbst, denn Sie fühlen sich dadurch gut. Nutzen Sie Studenten-, Senioren- oder Mutter-Kind-Treffs oder auch Veranstaltungen Ihrer Pfarrei. Suchen Sie einen Sport, der Ihnen gut tut und der nichts kostet. In Frage kommen Lauf- und Wandergruppen, Volleyball. Wenn Sport nicht Ihr Ding ist (was schade wäre, weil er nachweislich das beste Mittel gegen seelische Durchhänger ist und somit dem durch finanzielle Engpässe verursachten Blues entgegenwirkt), suchen Sie Partner für Brett- oder Kartenspiele, treten Sie einem Chor bei oder gründen selber einen. Fangen Sie an, Theater zu spielen. Treten Sie einer Partei bei (ist sinnvoller, als immer nur auf die da oben zu schimpfen). Machen Sie einen langen Spaziergang, dabei wird Ihnen schon etwas einfallen, was hundertprozentig zu ihnen passt.

Und dann laden Sie ein. Das kostet weniger, als Sie vielleicht befürchten. Suppen, Eintöpfe, süße und salzige Kuchen (Zwiebelkuchen!) sind auch in größeren Mengen für wenig Geld zuzubereiten. Bitten Sie darum, dass der andere im Gegenzug Getränke mitbringt.

Sie können auch einen regelrechten jour fixe einrichten und einmal in der Woche zu viert kochen. Einer bringt eine Vorspeise mit, einer die Getränke, einer ein Dessert. Oder aber – wenn Sie alle in einer ähnlichen Lage sind: Einer kauft ein, und die Kosten werden geteilt.

Der Vorteil ist nicht nur die nette Gesellschaft – das zwar vor allem –, sondern auch, dass Sie besser essen und trinken können als allein. Für einen allein lohnt der Kauf einer Flasche Wein nicht beziehungsweise ist zu teuer. Zu viert ist es kein Problem, wenn es kein Grand Cru sein muss. Die Weißweine mit dem besten Preis-Leistungs-Verhältnis finden Sie übrigens bei deutschen Winzern. Schon für fünf Euro gibt es Riesling, Weiß- oder Grauburgunder in ausgesprochen erfreulicher Qualität. Günstige passable Rotweine kommen zum Beispiel aus Südfrankreich oder Spanien.

Auch bei den übrigen Zutaten ist es von Vorteil, wenn Sie zu mehreren sind: Endlich lohnt es sich, einen Salatkopf anzuschaffen, weil Sie nicht nach der ersten knackfrischen Portion tagelang auf den restlichen welken Blättern herumkauen müssen.

Nicht zuletzt: Wer es schafft, von dem Wenigen, das er hat, noch etwas abzugeben, fühlt sich gleich weniger arm!

125 Gramm Mehl, 1 Ei, wenig Salz und 1 Teelöffel Öl werden zu einem glatten Teig verknetet. Der muss jetzt eine halbe Stunde ruhen, wird dann so dünn wir irgend möglich ausgerollt, in Streifen geschnitten, die jeweils quer noch zwei, drei Mal zerteilt werden. Die Stücke müssen nicht akkurat und schön ausschauen, es sind ja »Fleckerl«.

Ein Drittel vom Kohlkopf wird, ebenfalls in Streifen geschnitten, zusammen mit einer gehackten Zwiebel in Öl angedünstet, in welchem schon ein Löffel Zucker bräunt. Kümmel kommt dazu, ein Spritzer Essig, Salz, Pfeffer und ein Löffel von der Tomatensauce, die noch da ist. Zuletzt kommen die Nudeln dazu, die, weil sie frisch sind, nicht länger als eine Minute kochen müssen.

Ja, schmeckt prima, ist eine Riesenportion und hat nicht viel gekostet; ich bringe es sogar über mich, ein Restchen aufzuheben.

Am späten Abend gehe ich noch auf eine Party. Ich esse und trinke dort nichts, sondern tanze nur. Was für ein sportlicher Tag.

Frühstück: Tee mit Milch 0,20 €, Butterbrot mit Makrele 0,95 €, Müsli mit Erdbeeren 1,20 € = **2,35 €**

Zwischendurch: Kostproben im Bio-Laden **0,00 €**

Abendessen: Kohl 0,52 €, Ei 0,29 €, Mehl 0,15 €, Zwiebel, Öl, Gewürze 0,10 € = 1,04 €. Davon 3/4 = 0,78 €. Dazu Obstsalat 0,84 € = **1,62 €**

Tagesverbrauch: 3,99 €

Vom Betrag her toll, hätte ich aber nicht ohne die Kostproben im Bioladen durchgestanden.

Obst / Gemüse: Erdbeeren, Kiwi, Banane, Orange, Schnittlauch, Gurke, Weißkraut, Zwiebel

Das sind ja Vitamine für zwei Tage!

9. Tag
Muttertag

Muttertag, auch das noch. Da es nicht ins Programm passen würde, mich von meinem Sohn schick ausführen zu lassen (was er sich als Student auch kaum leisten könnte), schlage ich eine kleine Radtour vor. Die renaturierte Isar entlang. Ach, ist das schön.

Zuvor habe ich in Ruhe das inzwischen übliche Frühstück genossen: Tee mit Milch (der Soja-Reis-Drink von Plus schmeckt ganz okay), Müsli mit einer Kiwi und einer Orange und ein Butterbrot mit geräucherter Makrele.

Für unterwegs mache ich mir zwei Klappbrote mit den Wurstscheiben, die noch da sind. Damit ist das erste Paket Butter alle, hat neun Tage gereicht. Die Banane, gestern bei Lidl erworben, hat schon unschöne Stellen. Hab ich beim Aussuchen nicht genau hingesehen? Egal. Bei Lidl habe ich gestern zweimal eingekauft: zum ersten und zum letzten Mal. Zuletzt, ganz wichtig, wird noch eine Flasche mit Leitungswasser gefüllt.

Das Beste an den Münchner Biergärten: Man darf sein Essen selbst mitbringen. So nippe ich an der Mass, die mein Sohn herangeschafft hat, und verputze dazu die Wurstbrote. Alle Wiesen der Stadt sind bevölkert, ein einziger Volksgarten. Luxus kann so einfach sein.

Abends geht der Stress los. Das Hackfleisch muss unbedingt zubereitet werden. Erst dachte ich wunder was ich mit dem tollen Fleisch alles anstellen würde: Klöpschen hier, Ragout dort. Jetzt mache ich es mir leicht: Gehackte Zwiebel und Knoblauch andünsten, Fleisch darin anbraten, kleingeschnittenen Kohl dazu, Kümmel, Kräuter, Gemüsebrühe, zwei Löffel von der Tomatensauce. Ein Weilchen köcheln lassen.

Zwei Kartoffeln in wenig Wasser als Salzkartoffeln kochen. Das Kartoffel-Kochwasser in den Eintopf abgießen. Vom gestern erstandenen Petersilientopf ein paar Zweiglein als Dekoration auf die Kartoffeln, ein Viertel des Eintopfes dazu. Eine Gemüseeinheit fehlt noch. Eine Karotte ist noch da. Wäre sinnvoll, sie zu raspeln und daraus Karottensalat zu machen. Bin aber zu faul. Ich nehme die Karotte und esse sie einfach so, bei lebendigem Leib. Den Rest des Ragouts teile ich später in drei Teile und friere sie einzeln ein.

Pfefferminztee als Abendgetränk. Dazu eine Handvoll Butterplätzchen. Die zu backen, war eine der besten Aktionen.

Meine Gedanken schweifen ab: Vor Woolworth (haben inzwischen ja auch Insolvenz angemeldet, sind aber noch in Betrieb) sitzt häufig eine Dame mit Sonnenbrille und einem Schild vor der Brust, auf dem steht: »Sind arm und haben wenig Geld.«

Die Ärmste. Arm ist ja schon schlimm genug. Aber dann auch noch wenig Geld! Seit Tagen rätsele ich: Ist das eine schräge Art von (Galgen-)Humor? Will sie die Leute veräppeln? Oder wie ist das sonst gemeint? Wieso spricht sie von sich in der Mehrzahl? Zu gern wüsste ich, was es mit ihr auf sich hat. Aber ich werde natürlich nie wagen, sie anzusprechen und zu fragen. Wieso sie da sitzt. Ob sie keine Unterstützung bekommt. Was in ihr vorgeht. Vor allem: Wie man sich fühlt, wenn man da sitzt und die Leute an einem vorbeigehen.

Frühstück: Tee mit Milch 0,20 €, Butterbrot mit Makrele 0,95 €, Orangen-Kiwi-Müsli 0,90 € = **2,05 €**

Mittagessen: Belegte Brote mit Chorizo 0,90 €, Banane 0,32 € = **1,22 €**

Abendessen: Hackfleisch-Kraut-Eintopf: Fleisch 1,74 €, Kohl 1,04 €, Brühwürfel, Tomatensauce, Zwiebel, Gewürze, Öl 0,30 € = 3,08 €. Davon ein Viertel: 0,77 €. Kartoffeln, Petersilie 0,18 €, Karotte 0,11 € = **1,06 €**

Tagesverbrauch: 4,33 €

Obst / Gemüse: Orange, Kiwi, Banane, Kohl, Karotte, Zwiebel

Zwei Cent unter dem Limit. Ist das die Möglichkeit.

10. Tag
Harte Kiwis, riesige Kohlrabi

Billig leben ist stressig. Heute Nachmittag unterwegs von einem Laden zum anderen. Obwohl ich am Samstag soviel eingekauft habe, fehlt doch immer wieder etwas. Zwar ist eine ordentliche Menge Obst da, aber die Kiwis sind immer noch hart. Die Idee, eine Vorratspackung davon mitzunehmen, war einfach nur blöd. Aber das erwähnte ich wohl schon. Das Wichtigste: Gemüse ist alle. Immer noch bin ich auf der Suche nach einem schönen Kopf Weißkohl. Vielleicht finde ich ja auf dem Demeter-Stand auf dem Elisabethmarkt den richtigen.

Nachdem ich mir rasch den Rest von den Krautfleckerln und den letzten Kanten Brot einverleibt habe, damit der Einkauf nicht wegen Magenknurrens aus dem Ruder läuft, tigere ich los.

Der Genuss-Einkauf auf dem Markt hat seinen Preis – aber vor allem bei den Ständen mit konventioneller Ware. Obst und Gemüse sind hier im Vergleich zum Supermarkt exorbitant teuer. Beim Biostand ist der Unterschied zwischen Markt und Bio-Supermarkt deutlich geringer. Und überhaupt sind die Sachen am Demeter-Stand eigentlich um nichts teurer als an den anderen Standl'n. Und es macht halt sehr viel mehr Spaß, über den Markt zu schlendern, als durch die Regalreihen eines Supermarktes zu flanieren.

Die Weißkrautköpfe allerdings sind mir mit 2,49 Euro fürs Kilo zu teuer. Dafür entdecke ich riesenhafte Kohlrabi. Grundsätzlich greife ich bei Kohlrabi eher zu den kleineren Exemplaren, weil ich bei ihnen das zartere Fruchtfleisch vermute; bei den großen befürchte ich, dass sie innen holzig sein könnten. Aber erst vor wenigen Tagen hatte eine Freundin erzählt, wie überrascht sie war, als sie eben so einen Monster-Kohlrabi probierte und der durch und durch fein und köstlich war. Also her mit dem Trumm, einsfünfzig soll es kosten.

Um nicht zu gierig zu wirken, nehme ich nicht die allergrößte Kugel, sondern die zweitgrößte. Ein bisschen Aberglaube spielt vielleicht mit rein, die Befürchtung, der Griff nach dem allerdicksten Teil würde vom Schicksal dann doch mit Holzigkeit bestraft. Fast zweieinhalb Pfund bringt der von mir auserwählte Kohlrabi, wie ich zuhause feststelle, auf die Waage.

Gemüse ist also im Haus. Dann lasse ich mich noch von den Äpfeln verführen. Drei Stück müssen mit, als Zwischenlösung, bis die verdammten Kiwis endlich essbar sind (habe ich schon erwähnt, dass ich NIE wieder Großpackungen Obst kaufen will?).

Kohlrabi, geraspelt, mit frisch gemachter Mayo wäre fein. Ei ist da, Zitrone, Öl – nur Senf fehlt. Den günstigsten finde ich im Drogeriemarkt, 1,15 Euro für 200 Gramm.

Bei Basic gibt es heute etws reifere Bananen für 99 Cent das Kilo. Ich suche mir eine schöne raus, fürs Müsli morgen früh. 18 Cent. Joghurt ist auch alle, und ein Päckchen Hefe muss mit. Schwere Entscheidung: Die frische ist günstiger (49 Cent), kann aber schnell vergammeln, wenn sie nicht rechtzeitig aufgebraucht wird. Die trockene kostet 65 Cent, hält dafür ewig. Also die teurere.

Mayonnaise ist eigentlich kinderleicht zu machen. Eigelb mit etwas Senf verrühren, einen Spritzer Zitrone dazu und ein paar Krümel Salz. Dann ganz langsam und allmählich Öl unterschlagen. Mit dem elektrischen Quirl kann dabei gar nichts schiefgehen. Eigentlich.

Leider habe ich in meiner Ungeduld die einzige wirklich strikte Regel nicht befolgt: Alle Zutaten müssen die gleiche Temperatur habe, sonst wird es nichts mit der geschmeidigen Verbindung. Leider kommt das Ei aus dem Kühlschrank, während das Öl neben dem Herd steht. Ich lege das Ei auf den Küchentisch und bemühe mich, mich anderweitig zu beschäftigen.

Zwischendurch hebe ich das Ei hoch, umschließe es fürsorglich mit beiden Händen, um es zu wärmen. Dann lege ich es wieder hin und warte weiter. Aber alle Fürsorge ist vergebens. Als ich beschließe, nun muss es gut sein, fröstelt das arme Ei wohl doch noch. Jedenfalls zerfällt es beim ersten Strahl Öl, mit dem es in Berührung kommt, in unschöne Flocken.

Zum Teufel damit. Nein, nicht wirklich. Wegwerfen wäre Verschwendung. Ich schlage mit dem Schneebesen noch weiteres Öl dazu und finde, als Salatsauce kann die missglückte Mayo durchgehen. Ich rasple ein Viertel des Kohlrabis dazu. Um es auf Gourmet-Deutsch auszudrücken: Das Geraspelte korrespondiert in seiner Konsistenz ganz hervorragend mit der feinziselierten Flockigkeit des Dressings. Schlicht gesagt: Die Flocken stören nicht, und der Salat schmeckt gut.

Inzwischen köcheln fünf Kartoffeln, zwei für heute Abend, drei sind schon für morgen, um daraus Bratkartoffeln zu machen. Das von der Mayo übriggebliebene Eiweiß ergänze ich um ein weiteres ganzes Ei und mache daraus ein kleines Rührei. Mein Abendessen besteht also aus zwei Pellkartoffeln, Kohlrabi mit misslungener Mayo und einem kleinen Rührei. Als Nachtisch gibt's einen Apfel.

Es ist Montagabend, die wöchentliche Chorprobe steht an. Seit fast zwanzig Jahren mache ich das. Singen tut gut und kostet nichts. Danach gehe ich mit einigen Chorfreundinnen noch ins »Kloster« in der Preysingstraße. Ich leiste ich mir eine Bio-Himbeerlimo zu zwei Euro. Auf dem Tisch steht ein Korb Weißbrot. Ich futtere ihn leer.

Frühstück: Tee mit Milch 0,25 €, Müsli mit Orange und Banane 0,95 € = **1,20 €**

Mittagessen: Rest von den Krautfleckerln 0,26 €, der letzte Brotkanten 0,15 € = **0,41 €**

Abendessen: Pellkartoffeln mit Rührei 0,65 € und Kohlrabisalat 0,65 €, Apfel 0,39 € = **1,69 €**

Tagesverbrauch: 3,30 €

So wenig? Das Krautfleckerl-Resterl mittags war aber auch karg, auch das Abendessen nicht wirklich abendfüllend. Deshalb kam es wohl auch zum Brotexzess in der Kneipe.

Extra: Limo und Brot im Lokal: 2,00 €

Obst / Gemüse: *Orange, Banane, Apfel, Weißkraut. Kohlrabi,*
Pellkartoffeln

Trotz der geringen Ausgabe doch ganz gut das Obst-Gemüse-Soll erfüllt, das ist ermutigend!

Bloß nichts verkommen lassen!

Zitronen-/Orangenschale

Es gibt kaum ein Gericht – süß oder pikant – das nicht durch etwas abgeriebene Zitronenschale verfeinert werden könnte. Wenn Sie also Zitronen verwenden, unbedingt immer zuvor die Schale abreiben. Die Zitronen zuvor waschen und trockenrubbeln. Wenn Sie im Augenblick tatsächlich gerade keine Verwendung dafür haben, füllen Sie sie zusammen mit etwas Zucker oder Salz in ein Schälchen – je nachdem, ob Sie sie voraussichtlich eher für ein süßes oder für ein salziges Gericht einsetzen werden. Einfache Butterplätzchen zum Beispiel gewinnen durch Zitrusschale ganz enorm.

Radieschenblätter / Kohlrabiblätter / Fenchelgrün

Damit Radieschen nicht austrocknen, muss das Grünzeug ab, denn die Blätter entziehen den Wurzeln den Saft. Aber halt, nicht wegwerfen! Aus den Blättern lässt sich zum Beispiel eine wunderbare Füllung für Teigtaschen zubereiten (s. Rezept S. 199). Kohlrabiblätter machen sich in einer Kohlrabicremesuppe gut, Fenchelgrün peppt Salate auf.

Brotreste

Füttern Sie NICHT die Enten im Park, das ist nicht artgerecht. Reiben Sie trockene Reste lieber zu Bröseln, machen Sie Brotsuppe, Brotpudding oder eine pikante Brotpfanne: 100 ml Milch mit 1-2 Eiern verquirlen, 100 g altes Brot in kleine Stücke brechen, darin einweichen. Zwiebelwürfel in Butter andünsten, Gemüse, wenn vorhanden (z.B. Paprika, Champignons), mitdünsten, salzen, pfeffern. Brot-Ei-Gemisch hinzufügen, stocken lassen.

Eier und Butter nicht verschwenden

Die kleinen Kostbarkeiten werden oft unnötig verwendet. **Eigelb** zum Bestreichen von Gebäck beispielsweise ist reine Kosmetik, dafür ist es mir zu schade. **Eiweiß** wird gern eingesetzt, um Teig zu »kleben«, etwa bei Ravioli oder Apfeltaschen, und wird dann an die Nahtstellen gepinselt. Ich mache das nicht, sondern drücke die Teigschichten sorgfältig mit der Gabel zusammen. Die Gabel tauche in zuvor in Mehl, damit sie nicht anklebt. Der Teig haftet zuverlässig, und die Rillen von der Gabel ergeben ein dekoratives Muster. Für **Mürbteig** muss das Blech gar nicht gefettet werden, der Teig selbst besteht zu einem großen Teil aus Fett und hat das nicht nötig.

Welker Salat

Schlappe Kopfsalatblätter machen in Suppe noch eine gute Figur: 1 Handvoll Kartoffel- und Zwiebelwürfel in Öl oder Butter andünsten, grob zerkleinerte Salatblätter zufügen, mit 1/2 l Gemüsebrühe aufgießen, mit Mixstab pürieren. Sahne und Pfeffer dazu, evtl. auch Kümmel, fertig.

11. Tag
Mühsam ernährt sich ...

Ein Ergebnis zeichnet sich ab: Man kann sehr gut und günstig ausschließlich Bio-Lebensmittel essen – auch wenn noch sehr fraglich ist, ob der Preisrahmen von 132,71 Euro einzuhalten ist. Klar ist aber auch: Es ist eine Heidenarbeit, man muss sehr viel mehr planen und überlegen als sonst. Und viel mehr selber machen, als man es gewöhnt ist. Bis vor wenigen Tagen hielt ich mich für jemanden, der kaum Fertigprodukte zu sich nimmt.

Aber denkste, das war eine falsche Selbsteinschätzung. Zwar gibt es bei mir keine Suppen oder Ravioli aus der Dose, auch keine Tiefkühl-Fertiggerichte. Und doch greife ich öfter, als mir bis jetzt bewusst war, zu komfortabel Vorgefertigtem: zu feinen Sößchen aus dem Kühlregal, zu leckeren Aufstrichen, köstlichem Gebäck (aah, die wunderbaren Rosinenbrötchen!). Nicht zu vergessen die frisch gemachten Ravioli oder Maultaschen – frisch gemacht nicht von mir, sondern von jemand anderem. All das hat seinen Preis, und für mein jetziges Budget ist dieser Preis zu hoch. Jetzt heißt es, selber kochen und backen. Und vor allem den Überblick über die Vorräte zu behalten, weil ja nichts verschwendet werden darf.

Heute Abend zum Beispiel. Zuerst also die Lage peilen. Ein Rest Tomatensauce ist noch da; an Nudeln aber nur noch so wenig, dass sie nur für ein Portiönchen reichen würden, das meinem Hunger nicht gerecht würde. Nudeln selber zu machen habe ich heute aber keine Lust. Außerdem ist da noch der Rest Makrele, der auch bald gegessen sei sollte. Brot ist alle. Ein winziger Rest Sahne vom Geburtstag ist noch im Becher. Frühlingszwiebeln sind auch noch da.

Gab es nicht mal eine Fernsehsendung, in der Köche aus irgendwelchen wild zusammengewürfelten Zutaten was Tolles machen sollten? So kommt es mir hier auch allmählich vor.

Das Ergebnis des Grübelns: Den Rest Tomatensauce verlängere ich mit einem Viertel Liter Gemüsebrühe (Würfel) und koche darin 2 gehäufte Esslöffel Linsen weich. Zuletzt kommt die Sahne dazu und gehackte Frühlingszwiebel. Eine prima Linsensuppe. Wie gern würde ich sie allerdings noch mit etwas Kreuzkümmel würzen, um ihr die passende orientalische Duftnote zu verleihen. Kreuzkümmel steht im Regal, aber ich verkneife mir den Griff dazu. Übertreibe ich? Bin ich päpstlicher als der Papst? Aber wo soll ich die Grenze ziehen? Da mache ich es lieber ganz akkurat und bleibe auf der sicheren, korrekten Seite.

Inzwischen habe ich aus 200 g Mehl, etwas lauwarmem Wasser, Zucker, Salz und etwas Trockenhefe einen weichen Teig gerührt. Den backe ich in der Pfanne zu kleinen Fladen. Linsensuppe und indisches Fladenbrot (Naan) passt eigentlich gut zusammen. Den Rest der Makrele esse ich so dazu.

Mittagessen war prima und endlich mal halbwegs unkompliziert. Bratkartoffeln und dazu eine Portion des eingefrorenen Hackfleisch-Kohl-Eintopfs. Dazu wieder Kohlrabi, geraspelt, heute einfach mit Öl, Zitrone, Salz, Pfeffer und ein bisschen Senf angemacht. Supersache.

Frühstück war heute nur Müsli. Mit einer Orange und der ganzen Banane hat's total gereicht.

Und was hat's gekostet?

Frühstück: Tee mit Milch 0,25 €, Müsli mit Orange und Banane 0,72 € = **0,97 €**

Mittagessen: Bratkartoffeln 0,25 €, Eintopf 0,77 € = **1,02 €**

Abendessen: Makrele 0,75 €, Linsensuppe 0,55 €, Kohlrabisalat 0,45 €, Fladenbrot 0,40 € für 5 Fladen, davon drei Stück: 0,24 € = **1,99 €**

Tagesverbrauch: 3,98 €

Obst / Gemüse: Orange, Banane, Kohl und Zwiebeln (im Eintopf), Kohlrabi, Linsen

37 Cent unter dem Erlaubten, trotz Makrele. Und das Obst-Gemüse-Soll erfüllt! Ich bin stolz auf mich.

12. Tag
Kassensturz

Heute heißt es, der bitteren Wahrheit ins Antlitz zu schauen, Kassensturz tut not. Alle Kassenzettel raus und zusammengezählt: 97,63 Euro. Darin verstecken sich 30 Cent Flaschenpfand, für ein Joghurtglas, die Essigflasche. Also 97,33. So geht es nie und nimmer. Es ist ja noch nicht mal die Hälfte der Zeit rum. Gut, es sind noch Lebensmittel da, die für ein paar Tage reichen. Aber es wird nicht aufgehen, das ist abzusehen. So etwas wie die Makrele oder am Geburtstag die Erdbeeren darf man offenbar auch nicht ausnahmsweise einmal einkaufen.

Hauptproblem ist, Menge und Qualität in Einklang zu bringen. Obst und Gemüse tragen zur Versorgung mit Kalorien nur wenig bei und sind, so gesehen, ein erheblicher Kostenfaktor, ohne satt zu machen. Verzichtbar sind sie dennoch nicht. Um Eiweiß muss man sich hingegen kaum sorgen. Selbst wer bloß Kartoffeln isst, kriegt genug Eiweiß ab. Man müsste sich schon ausschließlich von Schnaps und Bonbons »ernähren«, um beim Eiweiß ins Hintertreffen zu geraten. Aber ist nicht Fleisch die beste Eiweißquelle? Nach dem, was Ernährungswissenschaftler lehren, nicht. Als optimale Quelle gilt die Kombi aus Kartoffeln und Ei. Und die sind in Bio-Qualität zum Glück erschwinglich.

Heute hätte ich eigentlich nichts besorgen müssen, da aber ohnehin ein Weg in den Drogeriemarkt ansteht, um Katzenstreu und anderes zu holen, gibt es bei der Gelegenheit eine Packung Nudeln (500 Gramm Linguine, die ganz schmalen Bandnudeln, zu 95 Cent).

A propos Streu, Haustiere kommen im Regelsatz nicht vor. Manches Herrli oder Frauchen ernährt sich wohl auch deshalb unzulänglich, damit Miez und Lumpi nicht hungern müssen. Beruhigend, dass die Zeitschrift »Öko-Test« vergangenes Jahr einen Bericht gebracht hat, in dem das Katzen-Trockenfutter von Aldi als akzeptabel in der Qualität beschrieben wurde und der Preis für die Tagesration mit circa fünf Cent angegeben war. Im Falle eines Falles also…

Nachmittags sind die letzten Plätzchen verschwunden. Morgen ma-

che ich was anderes, vielleicht Haferflockenkekse. Mal sehen.
Womit stille ich heute abend meinen Hunger? Da ist immer noch der
halbe Monster-Kohlrabi. Immer nur raspeln ist langweilig, heute gibt's
zwei große Scheiben davon, paniert und gebraten. Leider ist kein Pa-
niermehl da. Aber noch zwei Stück Fladenbrot. Das ist an den Rändern
fest genug, um etwas davon abzureiben. Sind nicht die schönsten Semmelbrösel aller Zeiten geworden, sollte aber funktionieren damit.
Kohlrabi dünn schälen, einsalzen, stehen lassen. Anschließend trockentupfen, in etwas Mehl wälzen. In verquirltes Ei tunken (ein halbes Ei reicht, der Rest wird aufgehoben für ein Omelett oder so)
und ab in die Semmelbrösel, die in diesem Fall Fladenbrösel heißen
müssten. Etwas Öl in der beschichteten Pfanne erhitzt, etwa 10 Minuten bei schwacher Hitze braten.

Habe ich noch nie gegessen, schmeckt prima. Das nagende Gefühl
in meinem Magen sagt mir hinterher aber, dass das leider nur eine
gute Vorspeise war. Für den großen Hunger viel zu mager.

Was nun? Nicht schon wieder groß kochen. Da sind ja noch die
beiden Restfladen. Einen gibt es mit Butter und Marmelade, den
anderen mit Butter und Wurst.

Kalorien zusammengezählt. Viel zu wenig, auch Gemüse und Obst
fehlt noch. Für heute soll's trotzdem gut sein, hab jetzt einfach keinen Hunger und auch keine Lust mehr.

Frühstück: Tee mit Milch 0,25 €, Müsli mit Orange 0,75 €
= **1,00 €**

Mittagessen: 2 Pellkartoffeln mit Butter **0,25 €**

Nachmittags: Plätzchen **0,20 €**

Abendessen: Kohlrabischnitzel 0,70 €, Fladenbrot 0,16 €, Butter,
Marmelade, Wurst 0,35 € = **1,21 €**

Tagesverbrauch: 2,66 €

Das ist ja echt wenig, war aber auch ein magerer Tag, alles in allem,
und die Obst-Gemüse-Bilanz ist absolut unbefriedigend:

Obst / Gemüse: Orange, Kohlrabi, Pellkartoffeln

13. Tag
Omas kulinarische Prinzipien

Nach dem gestrigen Schmalkosttag muss ein fetziges Frühstück her. Seit zwei Wochen habe ich keine Breze mehr gegessen. Eigentlich kann ich mir dieses Münchner Grundnahrungsmittel gar nicht leisten, erst recht nicht nach dem gestrigen Kassensturz. 34,43 Euro sind noch da, und ich habe noch mehr als zwei Wochen zu bewältigen. Knapp zwei Euro am Tag, das geht ja gar nicht.

Aber es ist einiges an Vorräten da: zwei Zucchini, eine Tomate, eine große Karotte, ein halbes Pfund Kohlrabi, drei Pfund Kartoffeln, 600 Gramm Nudeln, zweieinhalb Pfund Mehl, eineinhalb Pfund Zucker, 200 Gramm Butter, ein fast volles Glas Fruchtaufstrich, etwas Joghurt, zwei eingefrorene Portionen Hackfleisch-Kohl-Eintopf, über 400 Gramm getrocknete Linsen, vier Eier, zwei Orangen, ein Apfel und fünf Kiwis. Der Hungertod steht nicht unmittelbar bevor.

Die Kiwis allerdings sind immer noch zu fest. Wenn ich Pech habe, gehören sie zur Spezies der Hartgammler und sind hin, bevor sie essbar sind. Oder sie sind alle auf einen Schlag reif und dann gleich überreif. Und was ich mir nun überhaupt nicht leisten kann, ist, Lebensmittel verderben zu lassen.

Es ist immer schade darum, wenn Lebensmittel vergammeln, logisch. Schade, weil Arbeit darin steckt. Weil Ressourcen dafür verbraucht werden, denn jedes Lebensmittel, das im Laden liegt, hat Wasser und Energie gekostet und, wenn es nicht aus Bio-Anbau stammt, die Umwelt ein Stück weit mit Kunstdünger, Pestiziden, Herbiziden und Fungiziden vergiftet.

Und selbstverständlich ist es schade um die Lebensmittel, weil sie andernorts fehlen. Im vergangenen Jahr habe ich irgendwo gelesen, dass die Anzahl der unterernährten, hungernden Menschen und der Übergewichtigen sich weltweit die Waage hält. Was die einen zuviel essen, ist offenbar tatsächlich exakt das, was den anderen zum Überleben fehlt.

Für jemanden, der mit Ach und Krach das Geld für die tägliche Nahrung aufbringt, ist es außerdem ganz persönlich ein schmerzliches Malheur, wenn Lebensmittel vergammeln.

Düstere Gedanken. Glatt könnte einem der Appetit vergehen. Wo war ich stehengeblieben? Breze. Ja, heute muss zum (zweiten) Frühstück eine Butterbreze her. Nach einem strammen Marsch durch den Olympiapark radle ich in der Schleißheimer Straße bei »Fritz' Mühlenbäckerei« vorbei. Die hat wunderbares Brot, das ich im Moment aber nicht kaufen kann.

Nur einen klitzekleinen Euro habe ich einstecken, damit ich gar nicht in Versuchung komme, mehr zu holen, als ich mir leisten kann. Eigentlich wollte ich damit Sojamilch bei Plus holen. Denn vor dem Spaziergang musste ich den Tee zum Müsli schwarz trinken, nicht mein Ding. Jetzt ist aber die Lust auf Breze übermächtig.

Bei Fritz allerdings gibt es bloß Brezen aus Dinkelvollkorn, mit Sesam bestreut, zu stolzen 85 Cent das Stück. Das ist nicht nur zuviel Geld für mich, sondern auch nicht das wahre Brezenerlebnis. Vollkornmehl und Sesamkörnchen sind ja schön und gut, aber eine Breze muss für mich aus Weißmehl, knusprig und mit groben Salzkörnern bestreut sein. Nicht vollwertig? Na und, Brezen sind ein Genussmittel.

Die besten gibt es in der Hofpfisterei, bio, frisch gebacken, 55 Cent das Stück. Eine Semmel (35 Cent) nehme ich auch noch, werde mir die Hälfte als Marmeladensemmel machen und den Rest morgen zu Super-Semmelbröseln zermahlen. 90 Cent bin ich los, wenn ich mir später außer der Milch nichts mehr hole, bleibe ich an diesem Tag innerhalb des Zwei-Euro-Limits.

Heute steht an: Rezeptesammlungen durchforsten, um gesunde, billige Gerichte zu finden. Ein indisches Kochbuch – superschicker Bildband – habe ich gestern Abend noch durchgeblättert, aber bis auf Linsenbrei nichts gefunden. Für alle übrigen Rezepte braucht man jede Menge exotischer Zutaten. Keine Chance. Offenbar ist das, was arme Inder essen, bei uns teuer, weil exotisch. Vielleicht ist es aber auch das falsche Kochbuch.

Meine Oma fällt mir wieder ein. Zwei Weltkriege überlebt, beide Male zur Witwe geworden, Flüchtling, Schlaganfall, Frührente. Sie hatte definitiv sehr wenig Geld. Fleisch gab es kaum, wenn dann vorzugsweise so billige Stücke wie Schweinebauch (knusprig gebrutzelt, dazu Kartoffelpüree, aah!). Aber: Sie hat immer sehr auf die Zutaten geschaut. Margarine kam ihr nicht ins Haus, es musste »gute Butter« sein; auch nicht irgendeine, sondern Süßrahmbutter.

»Lieber ein gutes Butterbrot als eine Stulle mit Margarine und billiger Wurst« war ihre Devise. Und sogar: lieber gutes Brot ohne alles als ödes Fabrikbrot mit belanglosem Belag. Eier hat sie nur auf dem Bauernmarkt gekauft, und sie verlangte stets »die guten«. Daran denke ich immer, wenn Leute behaupten, sie müssten aus Not die billigen Eier aus der Legefabrik nehmen.

Bei Oma gab es oft Eier in Senfsauce. »Gute« Eier, und die Mehlschwitze mit Butter angerührt. Damals habe ich dieses Gericht geliebt – und seit damals habe ich es nicht mehr gegessen. Wird heute ausprobiert. Dazu den letzten Kohlrabi.

Milch fehlt für die Bechamel-Sauce (spöttische Zungen nennen sie zutreffend »Becher-Mehl-Sauce«). Ab zu Plus. In hungrigem Zustand, sehr fatal. Denn leider entdecke sich in unmittelbarer Nähe der Frischmilch IHN: Schweizer Bergkäse aus Bio-Rohmilch, 180 Gramm in Scheiben für 2,19 Euro. Muss ich haben, ich kann nicht anders. Als gäbe es ihn nicht morgen auch noch. Damit ist das Zwei-Euro-Limit für heute überschritten. Und ich habe nicht mal Brot im Haus.

Unterhalb des Käses befinden sich Matjes-Filets, das Packerl zu 99 Cent. Gehört zu den von Greenpeace erlaubten, weil im Bestand nicht gefährdeten Fischen (glaube/hoffe ich zumindest). Kommen mit.

Ohne Brot soll der Käse nicht bleiben. Selbstgebackene Fladen sind nicht die passende Begleitung. Bei dm für 95 Cent ein Pfundpaket Roggenvollkornbrot geholt und gleich noch für 85 Cent Weinsteinbackpulver. Als nächstes will ich nämlich Haferkekse machen.

Fast sechs Euro ausgegeben. Das bedeutet, dass die nächsten beiden Tage einkaufen verboten ist. Weil heute Donnerstag ist, bleibt der dritte Tag, Sonntag, auch einkaufsfrei. Hoffentlich halte ich das durch.

Zuhause angekommen bin ich so hungrig, dass ich nicht erst kochen kann. Käsebrot muss sein, und zwar sofort. Ein saures Gürkchen dazu wäre prima. Und Kakao. Die Kombination Käsebrot mit Essiggurke und dazu köstlicher Kakao war die traditionelle Stärkung nach einem Ausflug mit Oma »in die Stadt«. Man wird ja noch träumen dürfen.

28,56 Euro sind übrig – und noch soviel Monat. Da kann man schon die Panik kriegen.

Vor lauter Aufschreiben bin ich jetzt doch nicht dazu gekommen, ein Käsebrot zu essen. Also gleich die Senfeier. Mit frischem Kartoffelpüree. Allmählich erinnere ich mich wieder ganz plastisch an dieses Essen meiner Kindheit. Wie Oma zuerst einen großen Schlag Püree auf den Teller gehäuft, dann eine Mulde hineingedrückt und wie in ein Nest die gekochten Eier hineingelegt und mit Sauce übergossen hat.

Kartoffeln schälen. Die Kartoffeln haben grüne Stellen, muss ich großzügig schälen – die Crux, wenn man nicht lose kauft, sondern im Sack. Wie ein roter Faden zieht sich diese Erkenntnis durch meine Einkaufs- und Kocherlebnisse: dass Großpackungen für einen kleinen Haushalt unsinnig sind.

Eier kochen. Einbrenne machen und mit Milch aufgießen. Kräftig rühren. Klumpt trotzdem. Mit dem Schneebesen kriege ich die Sauce halbwegs glatt. Gemüsebrühe dazugießen, zwei Löffel Senf einrühren.

Da ich inzwischen sehr erpicht darauf bin, nichts verkommen zu lassen, gieße ich das Kartoffelwasser mit all seinen Vitaminen nicht weg, sondern in eine Tasse. Sollte ich zum Beispiel morgen Linsensuppe machen, kann ich es dazutun.

Kartoffeln mit etwas Milch übergießen, einen Klacks Butter dazu und gut durchstampfen. Und dann häufe ich das Püree auf den Teller, drücke eine Vertiefung hinein, dass es wie ein Nest aussieht.

Pelle die Eier und lege sie behutsam hinein und gieße Sauce darüber. Anfangs sieht es so aus, als sei es viel zu viel Sauce – und dann ist sie doch alle. Gut, dass keiner sieht, wie ich den Teller ablecke.

Aber jetzt, Stunde der Wahrheit:

1. Frühstück: Tee 0,05 €, Müsli mit Apfel 1,00 € = **1,05 €**

2. Frühstück: Breze 0,55 €, 1/2 Semmel 0,18 €, Butter + Marmelade 0,20 € = **0,98 €**

Mittagessen: 365 g Kartoffeln (geschält waren es weniger als 300 g) 0,42 €, 2 Eier 0,52 €, 0,2 l Milch 0,19 €, 25 g Butter 0,17 €, 1/4 Kohlrabi 0,37 €, Senf, Mehl, Essig, Öl, Brühwürfel 0,20 € = **1,87 €**

Macht bis jetzt 3,90 Euro. Jetzt kommt's drauf an: Reichen die verbleibenden 45 Cent für ein Käsebrot? 10 Scheiben sind in der Packung mit dem Bergkäse, eine kostet folglich 22 Cent. Beim Brot sind es 9 Scheiben, eine für ein Zehnerl, plus ein bisserl Butter. Mit 35 Cent ist das Käsebrot dabei.

Dazu würde wunderbar die eine Tomate passen, die noch daliegt und aussieht, als wolle sie bald gegessen werden. Hat 48 Cent gekostet. Da dürfte ich ja nur ein Eckchen herunterschneiden und höchsten mit zwei oder drei Frühlingszwiebelringen garnieren. Wieso nicht? Genauso wird's gemacht! Heute also vom Preis her perfekt im Rahmen, auch von der Menge her super. Nur ein Stück Obst oder Gemüse tät noch fehlen. Wieder mal.

Stunden später. Statt mir ein schönes Brot zu machen und artig zuhause zu bleiben, bin ich mit Freunden weggegangen und habe ein Weißbier getrunken. Vier Euro. Damit ist der Kneipen-Etat aufgebraucht. Das heißt, ein Fuchzgerl wäre noch übrig, aber dafür bekomme ich nichts. Den Rest des Monats darf ich nicht mehr ausgehen.

Tagesverbrauch: 3,90 €

Extra: 4 € für ein Bier im Lokal

Grundeinkommen für alle statt Hartz IV

Früher hieß es streng: Wer nicht arbeitet, soll auch nicht essen. Todesstrafe durch Verhungern gehört heute nicht mehr zum Standard. Politiker aller Parteien und auch die Mehrheit der Bürger sind sich aber einig: Wer arbeitet, muss mehr haben als jemand, der nicht arbeitet.

Nun werden leider viele Jobs inzwischen so miserabel bezahlt, dass sie nicht zum Leben reichen. Wer nicht arbeitet – weil er oder sie den Job verloren hat oder alt oder krank ist oder kleine Kinder betreut – soll also noch weniger haben als das, was eh schon nicht reicht? Wie sinnvoll soll das denn sein?

Ein Weg würde tatsächlich zum Ziel führen, ohne dass man Leute zu maßregeln und zu gängeln brauchte: das Grundeinkommen. Die Idee, jedem Menschen ein Einkommen zukommen zu lassen, unabhängig davon, ob er es nötig hat oder nicht, ist keineswegs neu.

Die ersten, die sich das ausdachten, galten noch als Totalspinner. Inzwischen hat der Gedanke sich ausgebreitet und auch unter Politikern und Wirtschaftsgrößen Sympathisanten gefunden, so honorige immerhin wie Ralf Dahrendorf. Anhänger gibt es mittlerweile in sämtlichen im Bundestag vertretenen Parteien. Mehrheitsfähig ist die Idee – leider – noch nicht.

Dabei würde damit nicht nur einerseits das demütigend Bittstellerhafte entfallen. Sondern auf der anderen Seite würde genau das passieren, was Politiker fordern: Wer arbeitet, hat mehr als jemand, der nicht arbeitet. Denn nichts würde verrechnet oder abgezogen. Jeder erarbeitete Euro würde als Plus auf die Grundsicherung draufgepackt.

Was Politiker jeder Couleur seit vielen Legislaturperioden fordern, würde eintreten: Die Lohnnebenkosten können sinken, weil Arbeitslosen- und Rentenversicherung nicht mehr nötig wären.

Nicht mehr als Bittsteller auftreten zu müssen, würde vielen das Gefühl der eigenen Würde zurückgeben. Und vielen die Motivation zu arbeiten: Da würden auch die Dittsches dieser Republik ihre Bademäntel von sich werfen und in die Puschen kommen.

Wäre das nicht wunderbar?

Mehr zum Thema: www.grundeinkommen.de, www.grundeinkommen.tv, www.forum-grundeinkommen.de, www-grundeinkommens-kongress.de

14. Tag
Back-Malheur

Heute gibt es zum Frühstück kein Müsli, sondern Käsebrot und Obst. Eine Orange ist noch da, und – ein Wunder ist geschehen: Eine Kiwi fühlt sich so an, als könnte man sie essen, ohne sich die Zähne daran auszubeißen. Kiwi und Orange, kleingeschnitten, als Fruchtsalat, dazu zwei Vollkornbrote mit Butter und je 1 Scheibe Bergkäse. Superfrühstück.

Bestände inspizieren: Da ist noch das halbe Ei in einem Schüsselchen, das muss verbraucht werden. Mittags wird es also Pfannkuchen geben.

Zucchini, Frühlingszwiebeln und eine Tomate sind auch noch da, außerdem die Paprikawurst. Das Wetter ist grau in grau, trotzdem oder gerade deswegen habe ich Appetit auf etwas Sommerliches. Kartoffelsalat soll es geben, mit gebratenen Zucchinischeiben und Wurst.

Für den Pfannkuchen kommt noch ein ganzes Ei zum halben hinzu, außerdem 50 Gramm Mehl und 100 Milliliter Milch, eine Messerspitze Salz, ein Löffelchen Zucker. Das gibt einen ziemlich großen Pfannkuchen oder zwei kleine. Marmelade draufstreichen, aufrollen – lecker.

Ich bereite den Kartoffelsalat zu. Kartoffeln kochen. Zucchinischeiben mit gehacktem Knoblauch in Öl braten, mit etwas Essig aufgießen. Etwas Chorizo und eine Scheibe Käse, beides sehr fein geschnitten. Eine halbe Tomate, fein gewürfelt. Alles mischen, etwas Gemüsebrühe dazugießen, mit Salz und Pfeffer abschmecken. Schmeckt das? Und wie – ich muss sofort die Hälfte wegpacken, sonst esse ich alles auf einmal. Ein Teil verschwindet in einer Tupperschale und wird im Kühlschrank in Sicherheit gebracht, der Rest bleibt zugedeckt auf dem Kühlschrank stehen. Gibt es später als Abendessen.

Heute ist Keksebacken angesagt. Haferflockenkekse. Haferflocken (ich nehme die Basis-Müslimischung, die paar Sonnenblumenkerne und Leinsamen stören nicht, sondern peppen im Gegenteil das Ganze etwas auf) mit Butter und etwas Zucker in der Pfanne angeröstet und mit schaumig gerührtem Zuckerei, etwas Mehl und Backpulver vermengt. Kleine Häufchen auf ein Backblech setzen und ab in den Backofen.

Die Kekse sind im Ofen, da klingelt im Arbeitszimmer das Telefon. Einige Minuten später, das Telefonat ist zu Ende, rieche ich sie, die verbrannten Kekse. Dabei weiß ich doch: Nie aus der Küche gehen, wenn Plätzchen im Ofen sind. Die kleineren Häufchen sind durch und durch verkohlt, aus den größeren kann man mit etwas Mühe noch essbare Teile herausschnitzen. Die esse ich sofort. Etwas trocken, aber köstlich.

Schade um die guten Zutaten. Ärgerlich ist gar kein Ausdruck. Beim zweiten Blech bleibe ich neben dem Backofen stehen. Goldgelb, nur ganz zart gebräunt, kommen sie diesmal aus der Röhre.

Nach dem Abkühlen schaue ich, was an Ausbeute geblieben ist: knapp über 200 Gramm sind es, ursprünglich dürften es 350 Gramm gewesen sein. 50 Gramm habe ich weggenascht, die restlichen mutmaßlichen 100 Gramm sind im Müll gelandet. Zu dumm.

Soeben kommt der Wochenrundbrief vom Bioladen. Spargel ist im Sonderangebot, mit 2,99 Euro das Pfund, in Bioland-Qualität. Echt günstig, wird sich aber trotzdem nicht ausgehen.

Frühstück: 2 Käsebrote 0,70 €, 1 Kiwi 0,25 €, 1 Orange 0,34 €, Tee mit Milch 0,15 € = **1,44 €**

Pfannkuchen: 1 1/2 Eier 0,44 €, 50 g Mehl 0,06 €, 100 ml Milch 0,09 €, Marmelade, Salz, Zucker, Butter 0,25 € = **0,84 €**

Nachmittags: Haferplätzchen: 120 g Müslimischung 0,17 €, 80 g Butter 0,55 €, 50 g Zucker 0,12 €, 50 g Mehl 0,06 €, 1 Ei 0,29 € = 1,19 €.
Davon muss ich leider einen großen Anteil sofort verbuchen, weil ich ein Blech habe verbrennen lassen. Also: **0,50 €**

Abendessen: Kartoffelsalat (anteilig): 250 g Kartoffeln 0,25 €,

Chorizo-Wurst 0,50 €, Käse 0,11 €, Frühlingszwiebel 0,12 €,
Zucchini 0,15 €, Tomate 0,24 €, Essig, Öl, Petersilie, Knoblauch,
*Salz, Pfeffer 0,10 € = **1,47 €***

Tagesverbrauch: 4,25 €

Obst / Gemüse: *Kiwi, Orange, Frühlingszwiebel, Zucchini,*
Tomate, Petersilie

Trotz des Plätzchen-Malheurs lande ich 10 Cent unter dem Erlaubten. Da wäre glatt noch ein Pfefferminztee drin. Luxus.

15. Tag
Discounter Teil II

Zum Frühstück wieder Tee mit Milch, zwei Käsebrote. Obst wird knapp. Ich drücke an den Kiwis herum und komme mir vor wie die Hexe in Hänsel und Gretel, die gierig an den kleinen Fingerchen herumtastet. Eine Frucht scheint halbwegs essbar. Von optimalem Reifezustand ist sie trotzdem noch weit entfernt.

Sehnsüchtig erinnere ich mich an ein Mittagessen vor wenigen Wochen im Vegelangelo, einem vegetarischen Restaurant in der Innenstadt. Dort gab es zum Nachtisch Muffins mit Kiwis, die perfekt reif und weich und saftig und geschmacksintensiv waren, die besten Kiwis aller Zeiten. Davon sind die harten, geschmacksarmen Dinger hier meilenweit entfernt.

Die halbe Tomate scheint mich erwartungsvoll anzusehen. Darf mit zum Frühstück. Ich fange an, die teuren Frühlingszwiebeln aus dem Bioladen zu schätzen. Dass sie so dünn sind, ist ihr Vorteil, habe ich inzwischen erkannt. Denn ein Bund besteht hier nicht aus drei bis fünf Stengeln, wie sonst üblich, sondern aus acht bis zehn Zwiebelchen – dadurch lassen sie sich besser einteilen.

Drei sind noch da, die dünnste Stange kommt in feinen Ringen auf die kleingeschnittene Tomate. Etwas Salz und Pfeffer darüber. Eine Zitrone liegt noch in der Schale, wird jetzt angeschnitten, ein bisschen Saft über die Tomaten geträufelt. Richtig gut.

Mittagessen ist unkompliziert, da gibt es Kartoffelsalat Teil II und als Nachtisch ein paar Haferplätzchen.

Samstag Nachmittag, der Gang zu Aldi ist fällig. Kaufen möchte ich eigentlich nichts, aber mal schauen, was es dort an Bio-Nahrung gibt. Ohnehin dürfte ich, um im Limit zu bleiben, maximal zwei Euro ausgeben, die für den morgigen Sonntag noch im Sack sind.

Zum Glück habe ich gegessen, Hungerkäufe sind also nicht zu befürchten. Für alle Fälle, damit ich mich nicht zu nutzlosen Spontankäufen hinreißen lasse, notiere ich auf einem Zettel, was ich im äußersten Fall kaufen dürfte: Äpfel (fürs Müsli und für die Matjes-filets, die im Kühlschrank auf ihren großen Auftritt warten), Kartoffeln, weil sie sich dem Ende zuneigen, Lauch (für Lauch-Kartoffel-Suppe) und Zwiebeln.

Das erste, was mir beim Betreten des Ladens am Frankfurter Ring in die Augen sticht: Bio-Croissants. Wow, das klingt toll. Drei Sorten sind vorrätig, klassisch, Mehrkorn- und Laugencroissants. Vier Stück, gleich 160 Gramm, gleich 1,59 Euro. 40 Cent pro Hörnchen, klingt prima. Aber bei näherem Rechnen ist es doch nichts für mich. Zum Glück habe ich im Kopf, was mein gutes Käsebrot kostet, nämlich 35 Cent das Stück. Und das ist doch irgendwie vollwertiger, nahrhafter, gesünder und letztlich auch leckerer. Aldi darf seine Croissants behalten.

Was wirklich zu loben ist: Die Bio-Sachen sind groß und übersicht-lich mit Hinweisschildern oberhalb der Regale markiert. Man kann sich sehr gezielt an den grünen Sechsecken orientieren, sodass einem kein Bio-Produkt entgeht.

Als nächstes sehe ich Früchtetee, 20 Beutel zu 1,19 Euro. Eine mög-liche Alternative, wenn der Pfefferminztee alle ist. Honig 2,99 Euro das Pfund – kommt drauf an, wie er schmeckt, kann ich nicht beur-teilen. Brote von 1,19 Euro das Pfund für Sonnenblumenbrot bis 1,49 Euro für ein Pfund Mischbrot. Aber das kommt von irgendwo her. Da würde ich doch lieber fürs gleiche Geld oder sogar für we-niger Pfister-Brot in der »glücklichen Stunde« besorgen.

Plätzchen, diverse Sorten, sind für 99 Cent für 125 Gramm zu haben. Das ist kein schlechtes Angebot. Auch wenn die Selbstgebackenen günstiger und vermutlich feiner sind. Sonnenblumenöl kostet mit 1,99 Euro etwas weniger als im Bio-Laden. Nudeln heißen hier prahlerisch »Pasta« und kosten desselbe wie anderswo auch, näm-lich 99 Cent.

Beim Reis werde ich schwach. 99 Cent für ein Pfund Langkornreis, der landet im Korb. Ist kein Basmati, aber man muss Abstriche machen.

Jetzt kommen zwei sehr sonderbare Produkte: zum einen ein Ge-

Kassenzettelkontrolle!

Man hält es ja kaum für möglich, aber die hochmodernen piepsenden Registrierkassen sind alles andere als unfehlbar. Nicht dass sie nicht korrekt addieren könnten, das dann doch nicht, aber bei Stückzahl und Preis können sie schon mal kräftig daneben liegen: In letzter Zeit ist es mir nämlich mehr als einmal passiert, dass ein allzu sensibler Scanner etwas, das nur einmal auf dem Band lang, doppelt registriert hat – ohne dass die Kassenkraft etwas dafür konnte. Die beiden Male, als ich es, erst im Nachhinein, bemerkt und reklamiert habe – einmal bei Rewe, ein andermal bei Ikea –, wurde mir auch bestätigt, dass das »schon mal vorkommen« könne. Daher wurde auch die verspätete Reklamation – ich hatte den Fehler erst zuhause entdeckt – anstandslos anerkannt.

Manchmal passiert es auch bei Sonderangeboten: Da wird am Regal ein Schnäppchen annonciert, man greift erfreut zu – doch die Kasse registriert den regulären, höheren Preis. Ist mir bei Penny mit einer kleinen Melone passiert, die statt der angeschriebenen 1,19 auf einmal 1,99 Euro kosten sollte. Ich habe es gemerkt, und der Fehler wurde freundlich korrigiert. Bei Basic wiederum wurde einmal an der Kassenwaage statt des günstigen Weißkohls der teurere Spitzkohl eingegeben, ein andermal an der Fleischtheke nicht der annoncierte Sonderangebotspreis, sondern der höhere reguläre Preis berechnet. Auch hier: freundliche Korrektur.

Die Reaktion auf die Reklamation war in allen Läden vorbildlich, das ist immerhin anzuerkennen. Die zusätzlichen Einnahmen der Märkte durch nicht entdeckte Kassen-Irrtümer dürften allerdings erheblich sein. Denn in der Regel irrt sich die Kasse zugunsten des Ladens. Ein einziges Mal ist es mir passiert, dass es zu billig war: Da hat, bei Basic, die Kasse mir die Haferflocken quasi spendiert.

Kontrollieren Sie also am besten gleich nach dem Bezahlen – noch im Laden – den Kassenzettel. Meist bewegt sich der Fehlbetrag im unauffälligen Bereich, die Gesamtsumme bleibt plausibel. Auch wenn es im Einzelfall nicht um Riesensummen geht, ärgerlich ist so ein verdeckter Preisaufschlag allemal.

tränk in der Halbliterpackung, auf dem steht »mit Birnengeschmack«. Inhalt: Wasser, Zucker und Aroma. Grusel. Den Preis dafür habe ich nicht mal notiert, denn sowas braucht ja wohl kein Mensch.

Mindestens ebenso schräg: »Citrovin«, eine Würzflüssigkeit in einer zitronenförmigen Plastikflasche. Ausweislich der Liste der Inhaltsstoffe enthält es vor allem Wasser, des weiteren 20 Prozent Bio-Limettensaft, Citronensäure, Aroma. Pfui Spinne. »Citronensäure« hat nichts mit Fruchtsaft zu tun. Es ist nicht so, dass da einer aus Marketing-Gründen wie etwa in der Werbung für »Cigaretten« nur einer prätentiösen Schreibweise befleißigt.

Citronensäure ist pure Chemie. In der guten alten Zeit hat man sie noch aus Zitrusfrüchten isoliert. Inzwischen wird sie längst aus einer transgenen Variante eines Schimmelpilzes, aspergillus niger, gewonnen. Sowas möchte ich nicht auf den Teller oder ins Glas bekommen.

Diese Citronensäure ist übrigens auch in praktisch allen industriell gefertigten Konfitüren und Marmeladen enthalten. Nur wenn »Zitronensaft« draufsteht, ist Natur drin. Über das enthaltene »Aroma« sei hier kein weiteres Wort verloren. Was bringt eine Firma dazu, so einen Unfug als Bio-Produkt anzubieten?

In der Tiefkühltruhe ruht dafür etwas Feines: Bio-Garnelen, das halbe Pfund zu 3,50 Euro. Muss mal zuhause ein bisschen tüfteln, ob sich damit nicht etwas basteln lässt, das sich, vielleicht verteilt auf zwei, drei Portionen, doch in den Plan einfügen würde.

Zuletzt Obst und Gemüse. Äpfel könnten unattraktiver nicht sein: Abgepackt zu jeweils 4 Stück (630 Gramm), sollen sie 1,49 Euro kosten. Das ergibt einen Kilopreis von 2,37 Euro. Im Bioladen kosten sie auch nicht mehr, und ich kann sie mir Stück für Stück aussuchen, ohne die dämliche Verpackung. Noch dazu sehen die hier noch nicht mal gut aus. Daumen runter.

Bananen wie bei anderen Discountern: etwas niedrigerer Kilopreis, dafür abgepackt. Cocktailtomaten sind eine Versuchung bei 1,49 Euro für das halbe Pfund. Sehr blässlich liegen sie in ihrem Schälchen, aber es ist ja auch noch nicht Saison.

Da lachen mich auf einmal die Karotten an, Kilosack 1,19 Euro. Das ist günstig. Wo ist bloß der Zettel, auf dem ich mir vor dem Weggehen notiert habe, was ich äußerstenfalls, bei entsprechend günstigem Angebot, kaufen darf? Nicht auffindbar. Ich nehme die Karotten an mich. Als ich an der Kasse stehe, fällt mir wieder ein, dass noch zwei große Karotten bei den Vorräten sind und diese hier nicht so dringend benötigt werden. Aber es ist Samstag Nachmittag, hinter mir eine Schlange, und ich will den Betrieb nicht aufhalten.

Jetzt kann ich die nächsten zwei Wochen Karottenmüsli essen, Karottensalat, Karottensuppe. Karotten, bis ich gelb werde. Ich erinnere mich vage an eine Geschichte, die vor etwa zwanzig Jahren durch die Presse ging.

In süffisantem Ton wurde von einem in England beheimateten Gesundheitsfanatiker berichtet, der jeden Tag mehrere Liter frisch gepressten Möhrensaft trank. War dann aber doch nicht so gesund. An Leberzirrhose starb der Gute, im mittleren Alter. Wegen Überdosis an Vitamin A.

Angesichts des Nebeneinanders von billigsten Massenprodukten und deutlich teurerer Bio-Ware muss ich wirklich sagen: Hut ab vor jedem Aldi-Kunden, der hier beispielsweise zu Bio-Spaghetti greift, wo die nicht mal halb so teuren direkt daneben liegen. Wer sich hier die Öko-Früchte schnappt und nicht die danebenliegenden niedrigpreisigen, die ja auch nicht giftig ausschauen, verdient höchsten Respekt.

Das ist nämlich das Angenehme am Bio-Laden: dass der innere Schweinehund nicht ständig herausgefordert wird, weil man nicht unentwegt mit den niedrigen Aldi-Preisen konfrontiert ist.

Abends um sieben Uhr Kino, Pranzo di Ferragosto – Festmahl im August. Sehr nett, es geht aber unentwegt ums Essen. Ausführlich wird vorgeführt, wie ein wunderbarer Nudelauflauf entsteht und riesige Mozzarella-Klöpse kleingeschnitten und über Nudeln, Fleisch und Gemüse gestreut werden. Würziger Duft scheint der Leinwand zu entströmen. Allzu gut verstehe ich die alte Lady im Film, die sich nachts, während alle anderen schlafen, heimlich die Riesen-Auflaufform schnappt und, im Bett sitzend, genüsslich leert.

Mit einem nagenden Gefühl im Bauch verlasse ich das Kino. Da mein Kneipenetat leider erschöpft ist und ich mich nicht einladen lassen möchte und da es außerdem noch hell ist, überrede ich die Freunde, mit denen ich den Film angeschaut habe, den schönen Abend noch zu einer Mini-Radtour zu nutzen, statt in die Kneipe zu gehen.

Um halbzehn zuhause, sehr hungrig. Jetzt kann nicht lange gefackelt werden, es muss etwas zu essen her, und zwar plötzlich. Gemüse-brühwürfel in halbem Liter Wasser aufgekocht, 50 Gramm dünne Suppennudeln hinen. Hastig eine Karotte schälen, mit dem Spar-schäler dünne Scheiben in die Suppe hobeln. Die Hälfte der Karotte knabbere ich gleich roh.

Auf die dunklen Brotscheiben aus der Packung habe ich grad keine Lust. Also gibt es doch noch einen winzigen Aufwand: 200 Gramm Mehl mit einem halben Teelöffel Salz und 100 ml lauwarmem Was-ser verknetet, das dauert etwa 1 Minute. In der Pfanne etwas Öl erwärmt, den Teig in fünf kleine Kugeln zerteilt. Drei davon drü-cke ich nacheinander zwischen den Händen flach und brutzle sie kurz in der Pfanne, bis sie braune Flecken haben und aussehen, wie richtig schöne Fladen halt aussehen.

Zwei Kugeln wickle ich in Frischhaltefolie und lege sie ins Kalte. Anders als die Hefefladen, die auch am nächsten Tag noch brauchbar sind, haben diese hier nämlich bis morgen all ihren Charme verloren. Sie müssen frisch und heiß aus der Pfanne gegessen werden.

Während der erste Teigfladen brät, presse ich noch rasch eine kleine Knoblauchzehe durch und verrühre sie mit einem Löffelchen Butter und zwei Krümeln Salz. Wenn die Fladen an der Unterseite schön gebraten sind, wende ich sie und bestreiche die gebratene Seite mit etwas Knoblauchbutter.

Während der zweite Fladen brät, esse ich schon den ersten Teller

Kochen lernen? Schmecken lernen!

In einem »Spiegel«-Gespräch erzählte Sternekoch und TV-Restauranttester Christian Rach (»Der Restauranttester«), wie Kochlehrlinge, denen er beibringen sollte, wie man eine Sauce Hollandaise macht, vom Geschmack der Selbstgemachten enttäuscht waren. Sie kannten nur den Geschmack von industriell hergestellter Holländischer Sauce und konnten mit dem Original im ersten Moment nichts anfangen.

Als ich das las, erinnerte ich mich an meinen 19. Geburtstag. Ich wollte meinen Freunden damals etwas Besonderes bieten und hatte mich in Unkosten gestürzt, um echten Räucherlachs zu besorgen. Der war damals noch eine teure Rarität. Üblich war ein quietsch-rot gefärbtes fettiges Etwas – zäh in der Textur, streng im Geschmack – namens »Lachsersatz«. Den bekam man in flachen Dosen, auf denen eine Art Schlüssel klebte, mit dem man den Deckel aufrollen konnte. Meine lieben Freunde waren nicht bereit, zu würdigen, was ich auf einer Porzellanplatte vor sie hinstellte. Die Mehrzahl von ihnen mäkelte und fand, dass »der normale Lachs« , wie sie den fiesen Lachsersatz perfiderweise nannten, ihnen besser schmecke.

Möglicherweise wird man auch bei Kindern, die Kartoffelpüree nur in der Form von mit Milch aufgeschäumten Instantflocken kennen, mit echtem, also frisch zubereitetem Kartoffelpüree nicht auf Anhieb Begeisterungsstürme auslösen. Es wäre aber eine lohnende Aufgabe, die Kleinen schmecken zu lehren. Denn es würde sie unabhängiger machen von den Verlockungen ungesunden Fabrikfutters. Jamie Oliver arbeitet in England emsig daran, Schulkinder von der Frittensucht zu befreien.

»Slow Food« lässt vor Schulen das »Slow Mobil« auffahren, eine rollende Küche, in der Kindergarten- und Grundschulkinder spielerisch den Umgang mit Lebensmitteln lernen können (bis jetzt in Frankfurt am Main und München).
www.junior-slow.de

Und dann ist da die Sarah-Wiener-Stiftung, die mittlerweile an zahlreichen Schulen und KiTas in Deutschland Kochkurse für die Kleinen initiiert hat, damit die lernen, was gesundes Essen ist, wie so etwas schmeckt, wie man es zubereitet – und die dieses Wissen im Idealfall in ihre Familien weitertragen.
www.sarah-wiener-stiftung.org

Suppe und dazu den heißen Fladen. Was soll ich sagen – es schmeckt umwerfend! Mit so einem Minutenbrot kann man sogar Gäste beeindrucken. Kostenpunkt für die fünf Fladen: 30 Cent.

Als Dessert wäre jetzt eine Kiwi fällig, aber die störrischen harten Dinger können mich nicht verlocken. Ich nehme den letzten Joghurt, fülle ihn in eine Schüssel und verrühre ihn mit einem dicken Löffel Kirschmarmelade. Wunderbar.

Frühstück: Tee mit Milch 0,15 €, Käsebrote 0,70 €, Kiwi 0,25 €, Tomatensalat 0,24 € = **1,34 €**

Mittagessen: Kartoffelsalat 1,47 €, eine Handvoll Kekse 0,20 € = **1,67 €**

Abendessen: Nudelsuppe, Fladenbrot, Kirschjoghurt. Brühwürfel 0,10 €, Suppennudeln 0,24 €, Karotte 0,11 €, Frühlingszwiebel 0,24 €, Fladen anteilig 0,18 €, Joghurt 0,19 €, Marmelade 0,15 € = **1,21 €**

Tagesverbrauch: 4,22 €

Obst / Gemüse: Kiwi, Tomate, Frühlingszwiebel, Zucchini (im Kartoffelsalat)

Ich glaub's nicht. Habe ich heute wirklich souverän den Tagessatz unterschritten? Um 13 Cent? Bevor jetzt Politiker aller Parteien den Regelsatz kürzen wollen: Obst/Gemüse war mal wieder ziemlich knapp heute. Noch einen Apfel dazu, wie es eigentlich sinnvoll gewesen wäre, schon wäre die ganze Kalkulation im Eimer.

Davon abgesehen: Dass ich den heutigen Tag so gut hingekriegt habe, liegt nicht an der Großzügigkeit und Opulenz des Regelsatzes, sondern daran, dass ich tüftle und mache wie verrückt.

16. Tag
Kaufrausch in der Bahnhofsbuchhandlung, französische Spar-Cuisine

Sonntag, aber ohne Ausschlafen. Schon um viertel nach neun findet eine Gedenksteinlegung statt. Aber was für ein schöner Sommermorgen!

Geldmangel ist im Sommer, bei schönem Wetter, viel erträglicher als sonst. Butterbrot und Wasserflasche – und hinaus ins Grüne, zu Fuß oder mit dem Rad – wer denn eins hat. Vom Regelsatz ist keins zu erwerben. Zwar gibt es in der Aufschlüsselungsliste zum Regelsatz den Punkt 26 »Fahrräder« (gleich im Plural!), aber bei den veranschlagten 76 Cent pro Monat müsste man viele Jahre sparen, um das Geld für einen Drahtesel beieinander zu haben. Selbst auf das schäbigste Gebrauchtrad müsste man Jahre hinsparen. Wer hat sich das ausgedacht? Unter Punkt 27 gibt es dann noch für »Ersatzteile und Zubehör für Privatfahrzeuge und Fahrräder« sage und schreibe 35 Cent. Das wirkt wie eine Verhöhnung.

Ein anderer Posten klingt sympathischer: Nummer 43: »Schreibwaren und Zeichenmaterialien« 2,21 Euro. Wenn man sich den Winter über das Schreiben verkneift, kann man glatt im Frühjahr einen Zeichenblock samt Bleistift und Radiergummi erwerben und sich im Freien künstlerisch betätigen. Immerhin, anders als beim Fahrrad, ist das wenigstens im Bereich des Möglichen. Nimmt man noch Punkt 38 »Spiele, Spielzeug, Hobbyware«, 2,53 Euro, hinzu, kann man richtig aasen und sich sogar noch ein paar Buntstifte gönnen.

So, jetzt aber los. Schneller Tee, Möhrchen knabbern, Käsebrot zum Mitnehmen gemacht. Ich werde zu spät kommen.

Nach der Veranstaltung sind die Teilnehmer zum Kaffee eingeladen. Kaffee trinke ich sonst nicht, ich mache mir nichts draus; aber jetzt, wegen der Geselligkeit, mag ich nicht Nein sagen. Selbstgebackenes wird aufgetragen, lauter entzückende Miniaturen: walnussgroße, noch warme Krapfen, fünfmarkstückgroße Schnecken und Apfeltaschen in der Größe von Streichholzschachteln. Wer bin ich, dass ich da widerstehen könnte? Ich nasche eins von jeder Sorte und beschließe, dass ich dieses Fremdfuttern ausgleichen werde, indem ich gleich morgen auch jemanden zum Essen einlade.

Ich komme am Bahnhof vorbei und dort, in der Buchhandlung, bricht sich die Kauflust Bahn. Ich erwerbe ein Hamburger Wochenmagazin, eine Literaturzeitung, ein Umweltmagazin und einen Krimi von Dick Francis. Damit habe ich den monatlichen Etat für »Zeitungen, Zeitschriften und andere Druckerzeugnisse« (Nummer 41, 10,24 Euro) sowie den für »Bücher« (Nummer 42, 5,98 Euro) an einem Tag komplett verballert. Und den Posten »Therapeutische Geräte und Ausrüstungen« (Nummer 25, 4,14 Euro) gleich mit.

Hat gutgetan. Nach all dem Knapsen der letzten zwei Wochen in den Lebensmittelläden, nach der ganzen Pfennigfuchserei, hat sich offenbar etwas aufgestaut, was ein Ventil brauchte.

Das Käsebrot bringe ich wieder mit nach Hause. Das gibt's zum Mittagessen. Dazu wäre eine schöne Gemüsesuppe recht. Die Auswahl ist nicht groß. Es sind Karotten da. Viele Karotten.

Auf der Suche nach Rezepten, die gut und günstig und gemüselastig sind, stöbere ich seit zwei Tagen in Kochbüchern. Aus den zwölf Jahren, die ich für die nun eingestellte Kochzeitschrift gearbeitet habe, ist mir immerhin eine stattliche Kochbuchsammlung geblieben.

Die Lösung kommt von überraschender Seite: Ausgerechnet die französische Küche bietet das, was ich suche. Wer hätte das gedacht.

Im Nachhinein erscheint es mir ganz logisch: Die Franzosen haben tolle Ideen, wie man aus einfachen Zutaten feine Gerichte zaubert. Beispiel Elsässer Zwiebelsuppe. Oder, eine meiner Lieblingssuppen, eine Kartoffel-Lauch-Suppe, die warm und kalt hinreißend schmeckt. Supereinfach, superpreiswert und, man kann es nicht anders sagen, doch ein geradezu elegantes Gericht. Kommt sie warm auf den Tisch, heißt sie »Potage Parmentier«. Gut gekühlt, dann unter dem Namen »Vichyssoise«, mag ich sie fast noch lieber. Die Zutaten: Kartoffeln, Lauch, Zwiebel, Butter, Brühe, Crème fraîche.

Nun ist aber kein Lauch im Haus, sondern Karotten. Ich werde fündig im Larousse gastronomique, dem traditionsreichen französischen Küchenlexikon, und finde das Rezept für »Potage Crécy«, eine Suppe aus Karotten und Reis. Hat sich mein Besuch bei Aldi gestern doch gelohnt, denn dadurch habe ich jetzt Reis im Haus. Ich bin immer noch verblüfft, dass ich ausgerechnet in der französischen Feinschmeckerbibel die idealen Hartz-IV-Rezepte finde – aber natürlich finde ich an dieser freudlichen Ironie besonderen Gefallen.

Im Kühlschrank ist noch Crème fraîche, die hätte ich beinahe vergessen. Trägt das heutige Datum, also gerade noch rechtzeitig erwischt. Passt zur Suppe, wie schön. Als ich den Deckel hochmache, schaut mich ein grünes Auge an. Ich fluche. Die kostbare Crème fraîche schimmlig! Wütend will ich sie in den Müll befördern, besinne mich aber und stelle sie in den Kühlschrank zurück. Die wird morgen zurückgebracht. Ich habe sie sachgerecht gelagert, und das Mindesthaltbarkeitsdatum ist nicht überschritten. Mal sehen, ob es Ersatz gibt. Müsste eigentlich. Die Suppe schmeckt trotzdem.

Nachmittags gehe ich schwimmen. Ach, Sommer ist das einzig Wahre!

Abends mache ich mir Linsen-Kartoffel-Salat mit Karotten, Chorizo und gebratenen Zucchiniwürfeln. Dazu die beiden übriggebliebenen Teigkugeln von gestern Abend, in der Pfanne zu Fladen gebacken. Die Dinger können süchtig machen. Mal überschlägig Kalorien berechnet. Der Linsensalat bringt stramme 700 Kalorien in die Schüssel. Dazu noch die aufgebackenen Fladen. Ergibt eine sehr ordentliche Hauptmahlzeit. Und ist alles dran: Kartoffeln, Linsen, Karotten, Zucchini, jede Menge Gemüse also, und dazu als Leckerli ein bisschen feine Wurst.

Sieh da, die Chorizo, die eigentlich als kleiner Luxushappen für Geburtstagsgäste gedacht war, hat sich als äußerst sinnvolle Investition erwiesen. Etwas über vier Euro hat sie gekostet, inzwischen habe ich sechs Mal davon gegessen, und ein Rest ist immer noch da.

Das bestätigt meinen alten Glaubenssatz: Billige Wurst lohnt nicht.

Sie kostet in der Regel nur deshalb nicht viel, weil sie jede Menge Flüssigkeit enthält. So etwas wie der in Sarrazins Hartz-IV-Diät empfohlene Bierschinken ist schwer und wässrig und gammelt schnell. Eine richtig schön durchgereifte, feste, handwerklich gut gemachte Salami hingegen hält lange und ist sehr ergiebig.

Den Salat packe ich ein und radle damit in den Englischen Garten, setze mich an den Eisbach und genieße Linsensalat mit Abendsonne, dazu Leitungswasser aus einer alten Volvic-Flasche. Für den Augenblick fühle ich mich reich!

Frühstück: *Karotte 0,11 €, Tee mit Milch 0,15 € =* **0,26 €**

Extra: *3 süße Mini-Teilchen gratis*

Mittag: *Karottensuppe und Käsebrot. Karotte 0,11 €, 50 g Reis 0,10 €, Zwiebel 0,10 €, Brühwürfel 0,11 €, Butter 0,15 € Käsebrot (Klappstulle aus 2 Scheiben Brot, Butter, 1 Scheibe Käse) 0,50 € =* **1,06 €**

Abend: *Linsensalat und Fladenbrot. 100 g Linsen 0,33 €, Chorizo 0,45 €, Karotte 0,11 €, Zucchini 0,29 €, Kartoffeln 0,15 €, Fladenbrot 0,12 €, Essig, Öl, Knoblauch 0,10 € =* **1,65 €**

Tagesverbrauch 2,97 €

Obst / Gemüse: *3 Portionen Karotte, Zucchini, Zwiebel*

Der Tagesverbrauch von 2,97 Euro ist allerdings insofern nicht ganz korrekt, als ich zum Frühstück kleine Teilchen außer Haus gegessen habe. Aber: Wenn ich den an den anderen Tagen erreichten durchschnittlichen Frühstücksbetrag von 1,48 Euro einsetze, kommen 4,19 Euro heraus. Das wäre immer noch komplett im Rahmen. Langsam kriege ich den Bogen raus.

17. Tag
Der Millirahmstrudel

Das Morgenritual seit über einer Woche heißt Kiwis betatschen. Am Tag Zehn nach dem Kauf liegen die drei verbliebenen Kiwis noch immer knüppelhart im Körbchen. Das bedeutet: kein Obst zum Frühstück, sondern Möhrchen mümmeln. Tee mit Milch, zwei Käsebrote, eine Karotte. Ist trotzdem eine tadellose Morgenspeise, auch wenn die Gelben Rüben um diese Tageszeit für mich ungewohnt sind.

Heute ist Pressevorbesichtigung des Museums Brandhorst. Diese Gelegenheit, das neue Haus zu sehen, bevor der große Besucherandrang startet, darf ich mir nicht entgehen lassen. Außerdem trifft man bei solchen Anlässen viele Kollegen, und gute Kontakte sind in diesen Zeiten unentbehrlich – mal davon abgesehen, dass es FREUDE macht, sich wiederzusehen.

Das Museum gefällt mir sehr, die bunte Außenwand ebenso wie die Innenräume. Die oberste Etage ist ausschließlich mit Bildern des amerikanischen halbabstrakten Malers Cy Twombly bestückt, die beiden Säle mit den Rosenbildern und mit den Bildern der Seeschlacht von Lepanto (als Kriegshandlung auch auf den zweiten Blick nicht erkennbar) sind atemberaubend.

Im Untergeschoss läuft auf fünf Leinwänden parallel eine filmische Collage, in der es um die verzweifelten Versuche von Afrikanern geht, auf dem europäischen Festland Fuß zu fassen. In schönen Bildern ein Denkmal für jene, die bei dem Versuch, nach Europa zu kommen, umkommen.

Aus Sicht eines armen Afrikaners ist das Leben mit Hartz IV womöglich der pure Luxus. Andererseits: Der (worin eigentlich begründete?) Anspruch, alles für uns haben zu wollen, führt auch dazu, dass vielen Afrikanern die Existenz genommen wird. Weil in Deutschland Hühnerflügel weniger nachgefragt sind als Hühnerbrüstchen und -schenkel – obwohl Mac D sich alle Mühe gibt, massenhaft Chicken Wings loszuschlagen – gehen die Hühnerflügel nach Afrika.

Da die Hühner bereits über den Verkauf von Brust und Keule ihr Geld eingespielt haben, ist auch der geringste noch für die Flügel zu erzielende Preis ein Gewinn. Dazu addieren sich noch Ausfuhrprämien, mit denen die Exporteure belohnt werden. Ein glänzendes Geschäft für unsere Geflügelzüchter. Eine Katastrophe für afrikanische Hühnerhalter.

Mit den Dumpingpreisen des europäischen Geflügels können sie nicht mithalten. Sie verlieren ihre Existenz – und versuchen in der Folge möglicherweise, nach Europa zu gelangen, wo sie nicht sehr willkommen sind. Am meisten fürchten die ärmeren Schichten die Zuwanderer, weil sie ahnen, dass es nicht die Wohlhabenden sein werden, die mit den Afrikanern Wohnung und Essen teilen werden.

Würden die Europäer ihre Hähnchenflügel hier behalten; oder würde beispielsweise nicht das Rote Kreuz den Schwarzen Kontinent mit abgelegten, für den »guten Zweck« gesammelten Klamotten fluten, hätten dort ein paar mehr Menschen ein anständiges Auskommen, als Hühnerzüchter und Schneider beispielsweise, und müssten sich nicht auf die waghalsige Reise übers Meer nach Norden begeben.

Dem Kaffee und den Schnittchen, die im Museums-Café gereicht werden, kann ich heute leichten Herzens widerstehen.

Nahe dem Museum ist ein großer Biomarkt, »Landmann's« (ja, mit Deppen-Apostroph). Ich brauche nun wirklich dringend Apfel und Joghurt für die Matjesfilets. Aus einem Sonderposten gut reifer Bananen – Kilo 1,39 Euro, billiger als bei Aldi oder Lidl – suche ich mir ein schönes Exemplar heraus. Außerdem eine Lauchstange und eine große mehlige Kartoffel für Suppe. Lose Cocktailtomaten kosten das Kilo 5,79 Euro.

Ich rechne und komme zu dem überraschenden Ergebnis, dass das, wenn auch minimal, weniger ist als bei Aldi! Dort gibt es 250 Gramm für 1,49 Euro, hier kostet dieselbe Menge 1,45 Euro, und ich kann sie mir einzeln aussuchen. Ich mache mir den Spaß, nehme vier lose Tomaten, die schon von den Rispen gefallen sind, und bezahle dafür 32 Cent. Acht Cent pro Mini-Tomate, das ist das Vergnügen wert.

Mit den Äpfeln bin ich nicht glücklich. Zwar sind Cox Orange vorrätig, die ich besonders gerne mag und die immer seltener anzutreffen sind, weil auch in den Naturkost-Läden die alten Sorten immer häufiger Neuzüchtungen wie »Gala«, »Pink« oder »Jonagold« weichen müssen. Aber sie haben leichte Druckstellen. Das würde mich nicht stören, wenn sie dafür entsprechend günstig wären. Ich fasse mir ein Herz und frage, ob die nicht etwas heruntergesetzt werden könnten. Die junge Verkäuferin bedauert: Der Mann, der das entscheiden könnte, sei nur vormittags im Laden, da könne sie nichts machen.

Da ich ohnehin zwecks Umtausch der schimmligen Crème fraîche noch zu Basic muss, verschiebe ich den Apfelkauf auf den nächsten Laden. Der Umtausch wird anstandslos vollzogen. Dazu suche ich mir drei rotbackige Äpfel der Sorte Topaz aus und nehme den dringend benötigten Joghurt aus dem Kühlregal.

Eine liebe Freundin, die ursprünglich aus dem Allgäu kommt, besucht mich und bringt ein ansehnliches Stück besten höhlengereiften Bergkäse mit. Der muss leider, gut verpackt, noch zwei Wochen warten, sonst bringt er mir die ganze Planung durcheinander.

Ich mache Tee für uns, stelle die Dose mit den Plätzchen auf den Tisch, nötige sie immer wieder, davon zu essen und hoffe, dass ich damit die außer Haus verputzten süßen Teilchen wieder wettgemacht habe.

Heute komme ich zur rechten Zeit zur zweiten Hälfte der Glücklichen Stunde bei Pfister. In der ersten halben Stunde der letzten Stunde vor Schließung gibt es Brot und frisches Kleingebäck mit 25 Prozent Nachlass; in der letzten halben Stunde beträgt der Rabatt 40 Prozent. Die Schlange ist so lang wie sonst den ganzen Tag über nicht.

In der Auslage unter anderem zwei letzte Stücke Millirahmstrudel (für die Nicht-Bayern: eine Art sahniger Quarkstrudel). Ich weiß, dass er sündhaft gut schmeckt und überlege, ob er wohl

Die besten günstigen Lebensmittel

Allzu Überraschendes werden Sie hier nicht finden, dafür zuverlässige, solide, gesunde Nahrungsmittel, die mit einfachen Mitteln zu leckeren, raffinierten Gerichten aufgebrezelt werden können. Übrigens: Gerade bei diesen elementaren Lebensmitteln, die auch in der Bio-Variante für jeden erschwinglich sind, macht sich der Unterschied zwischen Bio und Nicht-Bio geschmacklich besonders bemerkbar – am eindrucksvollsten wohl bei Kartoffeln und Karotten.

Kartoffeln: Bieten hochwertiges Eiweiß, Kohlehydrate, Vitamine, Mineralien, Ballaststoffe. Übrigens ist die Kombination Kartoffeln + Milch + Ei in puncto Eiweiß jedem Steak haushoch überlegen. Frisch gemachtes Kartoffelpüree, dazu ein Spiegelei – echtes Seelenfutter.

Zwiebeln: Bringen für wenig Geld viel Geschmack. Als Dreingabe gibt's Kalzium und Phosphor für Knochen und Zähne.

Karotten: Die Wurzel mit dem sanften Aroma mögen auch Kinder, die sonst wenig Sympathie für Gemüse haben. Das enthaltene Karotin tut Haut und Augen wohl. Äußerst schlicht, dabei sehr lecker: Kartoffeln und Karotten schälen, in dicke Scheiben bzw. Stücke schneiden, in wenig Salzwasser garkochen. Abgießen, einen dicken Klacks Butter dazu geben und mit dem Kartoffelstampfer nur grob zerkleinern.

Kohl / Kraut: Alle Kohlarten sind supergesund, bringen Vitamine und Spurenelemente en masse. Besonders viel krebshemmendes Sulforaphan ist im Brokkoli, bei Sonderangeboten also zugreifen. Unschlagbar preiswert ist Weißkohl. Junger Weißkohl, roh fein aufgeschnitten, mit geraspelter Karotte vermischt und mit einer sahnehaltigen Salatsauce angemacht, ist ein echtes Leckerli für fast kein Geld.

Getreide: Das Grundnahrungsmittel schlechthin: Brot, süßes und salziges Gebäck, Pfannkuchen, Müsli, Nudeln, Couscous – all das basiert auf Getreide, in erster Linie Weizen. Roggen, Hafer und andere Sorten folgen mit großem Abstand. Getreide enthält neben Kohlehydraten und Eiweiß jede Menge Spurenelemente, Ballaststoffe und auch Vitamine – je voller das Korn, desto mehr ist von den guten Sachen enthalten.

Saisongemüse: Im Hochsommer sind Tomaten, Paprika, Auberginen immer wieder zu vernünftigen Preisen zu haben. Besonders günstig sind dann Zucchini, die in Bio-Läden dann schon ab 99 Cent zu finden sind. Angeln Sie die kleinsten aus der Kiste, das sind die feinsten, aromatischsten. Schnelles Rezept: In dünne Scheiben geschnittene Zucchini mit grob zerkleinertem Knoblauch in Öl kräftig anbraten, salzen, pfeffern. Wenn die Zucchini schön brutzelbraun werden, einen winzigen Spritzer Essig dazutun, egal welchen. Durchmischen, fertig. Essen Sie eine erste Portion heiß zu Reis oder Nudeln. Der Rest schmeckt am nächsten Tag kalt als Antipasto oder, zusammen mit Butterbrot, als schnelles Abendmahl.

Tomaten: In der Saison erschwinglich. Kirschtomaten, lose gekauft, kosten wenige Cent das Stück, sind also in kleinen Mengen auch außerhalb der Saison ab und zu drin. Der Farbstoff Lycopin beugt Krebs vor.

Kürbis: Im Herbst kommt man an den dicken Dingern kaum vorbei. Beta-Karotin, Vitamin A, Magnesium, Kalzium und Kalium sind die inneren Werte. Kürbissuppe, Kürbisgemüse, Ravioli mit Kürbisfüllung, Kürbiskuchen – alles köstlich, alles sehr bezahlbar. Enorm gesund sind auch die Kerne. Also: möglichst nicht wegwerfen, sondern waschen, trocknen und rösten.

Pilze: Grundsätzlich leider kein Billig-Gemüse, aber zumindest Champignons sind ab und zu erschwinglich. Wenn die Tage kurz und die Temperaturen niedrig sind, sollten hin und wieder wenigstens zwei, drei Champignons an den Salat oder in die Nudeln (lose gekauft ist das nicht teuer, die Dinger wiegen ja nicht viel). Mit ihrem hohen Gehalt an Vitamin D gleichen sie das winterliche Sonnendefizit wenigstens teilweise aus.

Joghurt: Milchsäurebakterien fördern eine gesunde Darmflora und unterstützen damit das Immunsystem. Grundsätzlich sind Sauermilchprodukte besser verträglich als Frischmilch. Vielseitig einsetzbar: Müsli mit Joghurt anmachen, Dips aus Joghurt und Kräutern zu Kartoffeln, Reis oder rohem Gemüse reichen.

Quark / Frischkäse: Alles Gute, was im Käse steckt, befindet sich auch in Quark oder Frischkäse. Das Schöne: Quark ist nicht nur billiger, er liegt auch weniger schwer im Magen.

Eier: Für Vegetarier besonders kostbar wegen der B-Vitamine. Bestes Eiweiß, Vitamin D, Folsäure, dazu als Hirn- und Nervennahrung Lezithin.

Linsen / Kichererbsen / weiße Bohnen: Hülsenfrüchte liefern allerbestes Eiweiß – höchster Gehalt von allen pflanzlichen Nahrungsmitteln – und viel Nährwert für wenig Geld. Für Vegetarier sehr zu empfehlen, für Veganer absolut unentbehrlich.

Fisch: Glücklicherweise gehören preiswerte, nicht bedrohte Fische wie Hering und Makrele unter Gesundheitsaspekten zu den wertvollsten: Omega-3-Fettsäuren im Überfluss, dazu Jod und die Vitamine B_6, B_{12} und D.

Bananen: Das Obst, das satt macht, gibt es rund ums Jahr für wenig Geld. Gut reife Bananen finden Sie in Bio-Läden immer wieder mal im Sonderangebot. Bester Kalium-Lieferant.

Zitrusfrüchte: Vitamin C als Radikalfänger schützt die Zellen. Im Winter sind Orangen auch im Bio-Laden sehr günstig. Mit ihrer sonnigen Farbe und der erfrischenden Säure sind sie echte Muntermacher, die dem Winter-Blues entgegenwirken.

Äpfel: Vielseitig (Müsli, Kuchen, Obstsalat, pikante Salate, Bratapfel), praktisch, gesund. Vitamine und Eisen. Pektin wirkt entgiftend.

Kiwis: Wenn die konzentrierten kleinen Vitamin-Pakete für 19 oder 25 Cent im Angebot sind, zugreifen. Einzeln kaufen, damit Sie den richtigen Reifegrad erfühlen können!

mein Budget sprengt. Eine junge Frau, einige Positionen vor mit in der Schlage, sieht kein bisschen so aus, als ob sie es nötig hätte. Aber wem sieht man es heute schon an? Sie kommt an die Reihe, nennt ein Brot, das sie haben möchte, und sagt dann: »Und die beiden Millirahmstrudel.« Mir entfährt ein enttäuschtes »Ooh!«. Sie dreht sich herum, lächelt und sagt: »Dann nehme ich nur einen und lasse den anderen für die Dame dort.«

Ich finde das Angebot supernett, andererseits ist es mir ein wenig peinlich. Die anderen in der Schlange sehen schweigend vor sich hin. Ich drehe und winde mich, sage: »Nein, nein, das ist ja wirklich nett, aber nicht nötig, es ist doch noch genug anderes da.« Sie meint: »Das ist ganz gut so, dann kriegt eben jeder nur die Hälfte, das reicht auch.« Ich bedanke mich sehr.

Nach und nach verschwinden die Brot-Reststücke aus dem Regal. Nur Soja- und Karottenbrot sind noch reichlich vorhanden, die will offenbar keiner haben. Ich auch nicht. Karottenbrot! Ausgerechnet. Nach all den Karotten, die ich seit Tagen in mich hineinstopfe. Als ich an der Reihe bin, ist noch ein Eckchen Kerndl-Laib da – und der Millirahmstrudel. »2,38 Euro« sagt die Verkäuferin, und ich staune. So teuer?

Als ich draußen vorm Laden verstohlen einen Blick auf den Kassenzettel werfe, bin ich schockiert. 1,64 Euro kostet der um 40 Prozent reduzierte Strudel. Wieder was gelernt: Guter Kuchen ist auch bei großzügigstem Rabatt unerschwinglich.

Jetzt lasse ich ihn mir aber schmecken. Dazu gibt's lecker Münchner Leitungswasser. Meine Erinnerung hat nicht getrogen: Der Strudel ist eine Sünde wert.

Heute Abend geben wir Chor-Damen ein Konzert auf einer Schwabinger Kleinkunstbühne. Schlager aus den Zwanziger Jahren, immer wieder gern gehört. Für Abendessen bleibt keine Zeit. Vom frischen Brot zwei Scheiben heruntergesäbelt, eine Scheibe Käse dazwischengeklemmt, so muss das mit. Denn im Lokal möchte ich nicht in Versuchung kommen. Mögen auch die anderen Salat mit Schafkäse und Oliven oder Penne all'arrabiata oder wenigstens Fleischpflanzl mit Brot bestellen, ich werde in der Garderobe sitzen wie Susan Boyle mit dem Sandwich vor ihrem Auftritt bei »Britain's got talent«. Der You-Tube-Clip mit dieser Szene und ihrer fulminanten Darbietung von »I dreamed a dream« läuft nebenbei auf dem Rechner, während ich das schreibe. Er ist so herzerwärmend!

Spät am Abend: Auftritt vorbei, hat Spaß gemacht, uns und dem Publikum. Das Brot blieb in der Tasche, niemand hat was gegessen. Das Käsebrot gibt es jetzt, kurz vor Mitternacht, zusammen mit einem Apfel.

Die Tagesbilanz fehlt noch. Also:

Frühstück: Tee mit Milch 0,20 €, 2 Käsebrote 0,70 €, 1 Karotte 0,11 € = **1,01 €**

Zwischenrein: Tee mit Milch 0,20 €, Plätzchen 0,30 € = **0,50 €**

Mittag: Matjessalat mit Bratkartoffeln: Matjes 0,50 €, Gurke 0,17 €, Apfel 0,17 €, Frühlingszwiebeln 0,17 €, Joghurt 0,22 €, Crème fraîche 0,08 €, Kartoffeln 0,15 €, Öl, Gewürze 0,05 € = **1,51 €**

Abends: Milllirahmstrudel 1,64 €, Käsebrot 0,35 €, Apfel 0,34 € = **2,33 €**

Tagesverbrauch 5,35 €

Obst / Gemüse: Karotte, Apfel, Zwiebel, Gurke, Frühlingszwiebel

Der verflixte Millirahmstrudel zerstört die Bilanz komplett. Ohne ihn wären es 3,71 Euro gewesen, da hätte es noch Spielraum gegeben, für Joghurt mit Banane zum Beispiel oder was auch immer.

Habe gestern das Interview gelesen, das Herr Sarrazin, der ja inzwischen bei der Bundesbank im Vorstand sitzt und nach wie vor gern über das gute Leben der von ihm so genannten »Unterschicht« schwadroniert, dem Stern gegeben hat. Mit Hartz IV sei man nicht arm, findet er.

Vielleicht nicht, wenn man nur für kurze Zeit darauf angewiesen ist und zu dem Zeitpunkt, wo es einen erwischt, gut ausstaffiert ist, einen gut gefüllten Kleiderschrank hat, ein Fahrrad (!), eine Wohnung, die gut eingerichtet ist mit einer Küche, in der es an nichts fehlt. Unter der Voraussetzung lassen sich ein paar Monate mit geringstem Einkommen schon mal verkraften, ohne dass allzu großer Leidensdruck aufkommen muss.

Aber auf Dauer? Es gibt große Personengruppen, für die kein Ausweg sichtbar ist: Rentner mit geringem Einkommen; ältere Arbeitslose, die sich wenig Hoffnung machen dürfen auf einen neuen Job; Behinderte, die keine Arbeit ausüben können oder keine finden. Die bittere Gewissheit, dass sich nichts mehr ändern wird, jedenfalls nicht zum Guten, ist es, was die Armut so bedrückend macht.

18. Tag
Frühstück mit Hindernissen

Ich freue mich auf ein schönes Müsli mit Banane zum Frühstück, aber ach, es sind keine Haferflocken mehr da, weil sie ja zu Plätzchen verbacken wurden. Also kein Müsli? Da die Banane so aussieht, als wäre sie heute zwar genau richtig, morgen aber vielleicht schon nicht mehr, ziehe ich notgedrungen los, um Flocken zu besorgen.

Da mein Weg ohnehin in den Drogeriemarkt führt, weil ich Gesichtscreme brauche, werde ich von dort Müsli mitbringen. Die Creme, die ich benütze, seit eine Freundin sie mal mitgebracht hat, gibt es bei Rossmann, und sie scheint vom Preis her geradezu wie gemacht für ein Leben mit Hartz IV. Wirklich? »Elektrische Geräte, Artikel und Erzeugnisse für die Körperpflege« steht unter Punkt 46 – 8,04 sind dafür bewilligt. Die Creme bekommt meiner Haut überraschend gut, 2,99 Euro finde ich dafür eigentlich nicht teuer.

Aber selbst angenommen, sie würde einen ganzen Monat reichen, was nicht der Fall ist, blieben nur noch 5,05 Euro für alles andere: Seife, Zahnpasta, Zahnseide, Mundspülung, Shampoo, Körperlotion, Kosmetiktücher. Von Frivolitäten wie Lippenstift oder Wimperntusche gar nicht zu reden. So gesehen ist selbst diese sehr preiswerte Creme kaum erschwinglich.

Müslis und Körnermischungen werden neuerdings in seltsamen Gewichtseinheiten angeboten. Letztens habe ich mich schon über die 630-Gramm-Packung Äpfel bei Aldi gewundert. Hat das mit einer von der EU verkündeten Liberalisierung bei Verpackungsgewichtseinheiten zu tun? Mir ist, als hätte ich kürzlich etwas in der Art gelesen.

Die einfache Basis-Mehrkorn-Flocken-Mischung – ohne irgendwelche Extras wie Sonnenblumenkerne oder Leinsamen – kostet mit 1,69 Euro gleich 30 Cent mehr als die bessere Mischung bei Basic. Kommt also gar nicht in die Tüte.

Gut hundert Meter weiter ist ein großes Reformhaus. Dort entdecke ich eine Pfund-Packung Haferflocken für nur 99 Cent. Ist hier ein Schnäppchen zu machen? Ich besehe die Packung genauer, von Bio steht nichts drauf. Die Verkäuferin bestätigt auf Nachfrage, dass es sich nicht um ein Bio-Produkt handelt, die Ware sei lediglich »rückstandskontrolliert«, was immer das heißt. Was lernen wir daraus? Wer im Reformhaus einkauft, muss bei jedem einzelnen Produkt genau hinschauen, denn zwar ist vieles bio, aber eben nicht alles. Ärgerlich.

Der nächste Bioladen ist noch ein Stück entfernt. Auf dem Weg dorthin fällt mir ein, dass ich möglicherweise nicht mehr genug Bargeld dabei habe. Ein Blick ins Portemonnaie bestätigt meine Befürchtung. Zu dumm: Eine einzige Packung Haferflocken kann ich schlecht mit Karte bezahlen. Mehr einkaufen geht aber auch nicht. Eine Bank ist nicht in Sicht.

Noch immer habe ich nicht gefrühstückt. Allmählich werde ich grantig. Der Tag beginnt mies. Dann, noch nicht allzu weit vom Bioladen entfernt, doch noch eine Bank. Geld holen und zurück in den Laden. Hier beträgt der Unterschied zwischen puren Haferflocken und Basis-Müsli-Mischung, anders als in der anderen Filiale derselben Kette, nicht zehn, sondern zwanzig Cent. Also begnüge ich mich mit den nackten Flocken. Dafür packe ich noch ein Pfund Quark ein, denn die Banane ist so groß, dass sie für Müsli und ein Schälchen Bananenquark reicht.

Weil ich schon im Unterzucker und halb ohnmächtig vor Hunger bin, merke ich nicht, dass der an der Kasse geforderte Betrag zu niedrig ist. Die Haferflocken stehen nicht auf dem Kassenzettel. Das bringe ich später in Ordnung. Jetzt wird erst mal gefrühstückt. Und zwar richtig. Außer Müsli gibt es die letzte Scheibe Vollkornbrot mit Käse und eine Scheibe vom gestern frisch gekauften »Kerndl-Laib« mit Marmelade. Im Tee versinkt der letzte Rest Milch.

Weil ich außer Milch auch gern Eier im Haus hätte und die Butter zur Neige geht, gehe ich zu Plus. In den Straßen duftet es unglaublich. In dicken schweren Dolden hängen die weißen Blüten an den

Robinien. Von dem Parfum kann einem fast schwindlig werden. »Neu« steht laut und fett auf der Packung mit geriebenem Bio-Emmentaler, der neben der Butter liegt. 200 Gramm 1,49 Euro. Wird ausprobiert. Die Eier sind riesig und kosten 1,55 Euro statt 1,89 Euro wie die Hausmarke-Eier bei Basic. Ein wenig zwickt mich das Gewissen, und ich gelobe, dass ich, wenn ich es mir wieder leisten kann – ich hoffe, dass das eines Tages der Fall sein wird – Eier nur im Bio-Laden kaufen werde und dann in Demeter-Qualität.

Ich habe noch Matjessalat und Karottensuppe. So gesehen müsste ich heute gar nicht mehr kochen. Ich würde aber gern wieder was ausprobieren. Zum Beispiel Ravioli oder Maultaschen. Die Freundin erzählte gestern, sie hätte kürzlich etwas hinreißend Gutes gegessen: Maultaschen mit einer Füllung aus Quark und Radieschenblättern.

Klingt ein wenig schräg, aber interessant. Problem: Theoretisch sind Radieschenblätter etwas, das meist weggeworfen wird. Insofern müsste es gratis zu haben sein. Praktisch ist es aber so, dass man im Laden schlecht jemanden ansprechen kann, um zu fragen: »Verwenden Sie die Blätter der Radieschen, die zu kaufen Sie eben im Begriff sind? Falls nicht, könnte ich sie bitte haben?«

Dabei tut, wer die Blätter nicht verwendet, gut daran, sie so schnell wie möglich zu entfernen. Denn sie entziehen den Radieschen Saft, lassen sie schneller schrumpeln. Aber auch mit dieser Belehrung wird man sich beim Einkauf kaum Freunde machen.

Also muss man, um an die scheinbar wertlosen Blätter zu kommen, die kostbaren Radieschen mitkaufen. Die sind leider im Bio-Laden erheblich teurer als beispielsweise beim Discounter. Muss nochmal darüber nachdenken, ob ich mir tatsächlich ein Bund Radieschen leisten können soll. Zuvor verspeise ich den Bananenquark.

Als Besuch kommt, teile ich den restlichen Matjessalat, dazu essen wir bis auf eine Scheibe das restliche Brot mit Butter dazu. Zu trinken gibt es Tee und als Nachtisch die letzten Müsliplätzchen. Kommt gut an, der Freundin schmeckt's, und ich habe nicht das Gefühl, dass meine Bewirtung armselig wäre.

Ein neues Keksrezept muss her. Gleich morgen wird wieder gebacken.

Frühstück: *Müsli 1/2 Banane 0,15 €, 1 Kiwi 0,25 €, 40 g Haferflocken 0,08 €, 125 g Joghurt 0,22 €, Käsebrot 0,35 €, Marmeladenbrot 0,30 €, Tee mit Milch 0,15 € =* **1,50 €**

Zwischengericht: *Bananenquark 1/2 Banane 0,15 €, Quark, Joghurt, Zucker 0,35 € =* **0,50 €**

Abendessen: *Matjessalat 1,21 €, Kekse 0,19 €, Tee mit Milch 0,20 € = 1,60 €, Butterbrote 0,50 € =* **2,10 €**

Das sind nur 4,10 Euro. Damit habe ich den teuren Millirahmstrudel von gestern zwar noch nicht wieder ausgeglichen, aber immerhin. Doch eigentlich war es wieder mal zuwenig Obst/Gemüse. Und ein leises Hungergefühl zwickt im Bauch. Ich könnte mir, auch wenn es schon spät ist, noch einen kleinen Gurkensalat machen, oder? Aber da kämen nochmal 40 Cent für 1/4 Gurke und etwas Joghurt dazu.

Damit hätte ich aber die 4,35 Euro schon wieder überschritten, das will ich auch nicht. Die Lösung: Mal wieder eine Karotte knabbern, die kostet nur 11 Cent. Nein, ich werde sie raspeln und mit etwas Joghurt anmachen. Genau. Ich rechne also 25 Cent zu den 4 Euro hinzu und habe somit den Tagessatz exakt eingehalten.

Diese Tüftelei kann einem schon gewaltig auf den Senkel gehen. Der Tag endet so nervig, wie er begonnen hat.

Ergänzung: *Karottensalat mit Joghurt 0,25 €*
Tagesverbrauch: 4,35 €

Obst / Gemüse: *Banane, Kiwi, Apfel und Zwiebel (im Matjessalat)*

19. Tag
Auf dem Wochenmarkt

Sonderbar, jetzt halte ich den Rahmen doch schon ziemlich gut ein, trotzdem ist das Geld gleich alle und der Monat noch längst nicht zu Ende. Wie ist das möglich? Ach ja: Ich habe auch Geld ausgegeben für Lebensmittel, die noch längst nicht aufgegessen sind.

Bei schönem Wetter statte ich gern weiter entfernten Läden einen Besuch ab. Heute radle ich nach Haidhausen, zum Grünen Markt. Auf der Einkaufsliste stehen Joghurt, Frischkäse und Schokolade. Ich möchte Schokokekse backen. Die Auswahl an süßen Tafeln ist beachtlich: Schokolade, gefüllt mit Kokoscreme oder mit Trüffelmasse (»Nirwana«), mit rosa Pfeffer oder mit Pfefferminze, mit Nüssen und Mandeln sowieso. Eigentlich wollte ich eine ganz schlichte Zartbitterschokolade, entscheide mich zuletzt aber für »Feine Bitter Orange« zu 1,59 Euro die 100-Gramm-Tafel. *(Inzwischen habe ich bei DM eine Orangen-Bitterschokolade zu 99 Cent entdeckt, die auch nicht übel ist.)* Die meisten anderen Sorten kosten 1,99 Euro.

Nett an dem Laden ist das Salatbuffet, an dem mittags die ringsum Arbeitenden sich ein schnelles gesundes Essen holen oder an einem der Stehtische verspeisen. Hübsch ist die Fußgängerzone davor. Der Obst- und Gemüsestand schräg gegenüber, den ich beim Herkommen passieren musste, bietet Erdbeeren, drei Schalen zu drei Euro. Deutscher Spargel ist mit sieben Euro für zwei Kilo ausgeschildert. Gift für meinen Seelenfrieden. Ich gönne mir im Grünen Markt eine Birne zu 39 Cent.

Kaum bin ich zuhause angekommen, klingelt ein Freund. Ich habe Hunger. Im Kühlschrank ist noch Karottensuppe. Die werde ich mit ihm teilen, weil ja geteilte Freude doppelte Freude sein soll. Leider verdoppelt sich dabei nicht die Menge der Suppe. Aus 200 Gramm Mehl mache ich uns Fladenbrot dazu. Christian ist gebührend beeindruckt von dem blitzartig gemachten, köstlichen warmen Brot mit der Knoblauchbutter. Dazu trinken wir »Château du robinet« (»robinet« heißt Wasserhahn) und sind vergnügt. Nachtisch ist leider nicht da, die Kekse müssen erst noch gemacht werden.

Am Rotkreuzplatz, in Neuhausen, ist heute Wochenmarkt. Der besteht mehrheitlich aus Bioständen. Christian erzählt von einem Gemüsestand, der Rabattkarten vergibt. Bei jedem Einkauf ab fünf Euro gibt es einen Stempel, und bereits beim vierten Stempel bekommt man eine Tüte Obst oder Gemüse geschenkt. Klingt nett, da radle ich gleich hin. Morgen ist Feiertag, ein kleiner Obst- und Gemüsevorrat kann nicht schaden.

Auf dem Weg durch den Olympiapark gesellt sich zum intensiven Duft der Robinien eine weitere Nuance: Holunderblüten. Das wäre was: Hollerkücherl, die in Teig ausgebackenen Blütendolden. Aber nein, die müssen in Fett schwimmend gebacken werden, das wäre eine Verschwendung von Öl, das ich anschließend noch extra zur Tankstelle bringen müsste, um es korrekt zu entsorgen.

Vielleicht kann ich die Küchlein im Backofen machen? Pommes gibt es ja auch ohne Fett, aus dem Ofen.

Der besagte Stand hat Kiwis, das Stück zu 25 Cent (exakt Lidl-Preis), fünf Stück einen Euro (billiger als bei Lidl). Die kleinen Struppis fühlen sich so wunderbar gut und reif an. Noch jetzt, beim Zurückdenken, wurmt es mich, dass ich nicht doch wenigstens eine genommen habe. Dann hätte ich endlich mal eine GUTE Kiwi essen können.

Ich kaufe etwas wahllos dies und das, zwei dicke Champignons, ein Stück Sellerie, einen weißen und einen blauen Kohlkopf, eine sehr kleine Paprika (die ich billiger bekomme, weil sie nicht mehr ganz taufrisch aussieht), eine kleine Rote-Bete-Knolle, eine Chilischote, fünf Äpfel: einen Boskop, zwei Cox Orange und zwei tiefrote Topaz. Ich bezahle knapp über sieben Euro. Die nette Verkäuferin drückt mir die Karte mit dem Stempel in die Hand, und ich freue mich schon auf den nächsten Besuch.

Auf dem Rückweg, es ist nach sechs Uhr, komme ich wieder bei der Bäckerei Fritz vorbei. Die Verkäuferin wischt gerade die Scheibe, ich frage, ob es auch hier eine glückliche letzte Stunde gibt. Sie sagt »Nee«, ich radle weiter, zur Hofpfisterei. Ich ergattere ein Viertel »Spezial«,

Das Nötigste für Ihre Küche

Kochgeschirr: *Falls Sie nur einen* **Topf** *anschaffen können, dann ist eine* **Stielkasserolle** *mit gut isoliertem Metallgriff das einzig Wahre. Darin können Sie Kartoffeln, Reis oder Nudeln kochen, Gemüse anbraten, Suppen und Saucen zubereiten. So ein Topf darf auch in den Backofen und ersetzt die nicht vorhandene Auflaufform oder Bratreine. Sie können sogar einen Kuchen darin backen.*

Die **Pfanne** *sollte beschichtet sein. Wir wollen zwar nicht Kalorien sparen, keineswegs. Aber wir wollen auch nicht, dass die Hälfte unserer mühsam erworbenen, liebevoll zubereiteten Zutaten in der Pfanne hängenbleibt. Übrigens: Auch die meisten Sterneköche, bei denen ich in die Küche schauen durfte, arbeiten mit beschichteten Pfannen, man hat schlicht weniger Stress damit.*

Zum Zerkleinern brauchen Sie ein **Messer**: *Vergessen Sie das günstige Messerset aus dem Angebot. Die Dinger taugen nichts – es sei denn, sie sind so astronomisch teuer, dass sie bei bescheidenem Budget ohnehin nicht in Frage kommen. Sie brauchen EIN gutes Messer mit glatter Klinge, ein sogenanntes »Kochmesser«, damit kriegen Sie im Prinzip alles klein. Wenn als Ergänzung noch ein kleines Messer mit Säge- bzw. Wellenschliff dazukommt, sind Sie bereits perfekt ausgestattet.*

Da Suppen im allgemeinen und Gemüse(creme)suppen im speziellen zu den sehr empfehlenswerten preiswerten Gerichten gehören, ist Ihnen mit einem **Pürierstab** *oder Standmixer sehr gedient. Um Zitronenschale, Käse, Schokolade, Kohlrabi usw. fein zu zerkleinern, brauchen Sie eine mittelfeine* **Reibe**.

Nichts wertet einfache Zutaten mehr auf, als sie durch Rühren, Kneten und anschließendes **Backen** *in eine höhere Daseinsform zu transformieren. Süßes oder salziges Gebäck ist daher so gut wie unerlässlich, wenn Sie Gäste erwarten oder selbst Gast sind und ein Mitbringsel brauchen, das etwas hermacht. Ein* **Backblech**, *vielleicht sogar eine kleine* **Springform** *gehören also zu den sehr nützlichen Utensilien, wenn Sie mit wenig Geld stilvoll speisen möchten. Was Sie nicht brauchen: einen Pinsel zum Fetten von Backgeschirr. Ein kleiner Fetzen zusammengeknülltes* **Küchenpapier** *erfüllt den Zweck besser, und Sie sparen sich das mühsame Reinigen des fettigen Pinsels.*

Für den Ein- oder Zwei-Personen-Haushalt nützlich ist ein **Kleinbackofen**. *Gibt es für rund 30-40 Euro im Kaufhaus.*

Messbecher kosten zwar weniger als Waagen – wenn Sie es ermöglichen können, sollten Sie sich gleichwohl für die **Waage** *entscheiden. Denn die Waage misst ALLES, während der Messbecher in seiner Anwendung begrenzt ist. Obst, Gemüse, Speck o.ä. lassen sich damit nämlich nicht in ihrer Menge bestimmen.*

P.S. Sollten Sie als Überbleibsel aus besseren Zeiten noch einen **Trüffelhobel** *besitzen, der jetzt in der Schublade ein scheinbar nutzloses Dasein fristet, werfen Sie ihn nicht frustriert weg, sondern teilen Sie ihm einen neue Aufgabe zu: Mit nichts lässt sich Knoblauch leichter in allerfeinste Scheibchen schneiden.*

mein Lieblingsbrot, zu 1,29 Euro das Pfund – teuer im Vergleich zu meinen Fladen, aber sehr gut. Den Millirahmstrudel würdige ich keines Blickes.

Abends Bezirksausschuss. Zum Essen ist schon wieder keine Zeit. Als ich um neun Uhr zurückkomme, sterbe ich fast vor Hunger. Christian steht vor der Tür, eine Form mit Brotteig in der Hand. Sein Backofen hat schlappgemacht. Brotteig in den Ofen. Jetzt schnell ein Brot als erste lebensrettende Maßnahme. Christian hat schon gegessen, ist mir recht. Für mich gibt's ein feines »Spezial« mit der Hälfte des Chorizo-Restes.

Dann die Frage: Was machen aus der ganzen Gemüse-Herrlichkeit? Ravioli mit einer Füllung aus Roter Bete? Oder eine Füllung aus geschmorten Zwiebeln? Gemüsesuppe? Was wollte ich schon längst ausprobieren? Richtig: Krautsalat. Ich such nach Rezepten für Cole Slaw, die amerikanische Variante des Krautsalats, und lege mir dann meine eigene Version zurecht. Der Kohl ist aus neuer Ernte und so zart, dass es eine Pracht ist.

Christians Dinkel-Sesam-Brot ist fertig. Ich streiche mir Butter und Marmelade auf eine Scheibe, fein. Passt das ins Programm, dass ich Brot von anderer Seite esse? Diesmal ja. Gestern Abend und heute Mittag habe ich eingeladen, da darf ich jetzt auch das angebotene Brot annehmen.

Zum Raviolimachen oder Plätzchenbacken bin ich inzwischen zu müde. Weil noch eine Portion Obst sein muss, esse ich eine der harten Dauer-Kiwis und ärgere mich nochmal, dass ich keine der zwar etwas kleineren, aber schön reifen vom Markt mitgebracht habe.

Heute gekauft am Marktstand: 5 Äpfel zu 1,76 Euro, 1 Paprika (40 Cent), 1 Rote Bete (18 Cent), 2 Champignons (1,20 Euro), 1 Chili (16 Cent), 1 Blaukraut (1,20 Euro), 1 Weißkraut (1,71 Euro), 1 Stück Sellerie (60 Cent). Zusammen 7,21 Euro

Frühstück: Tee mit Milch 0,25 €, Müsli aus Apfel, Haferflocken, Joghurt 0,75 € = **1,00 €**

Zeit oder Geld

Fast jedes Mal, wenn ich Freunden und Bekannten erzählte, dass ich mir vorgenommen hätte, den Beweis anzutreten, dass auch wer knapp bei Kasse ist, die Möglichkeit habe, sich mit Bio-Lebensmitteln zu ernähren, kam der gleiche Einwand:

»Schön und gut – wenn man soviel Zeit investiert, wie du das im Moment tust, mag das ja gehen. Wenn man Zeit hat, die Preise zu vergleichen und die Karotten hier und die Kartoffeln dort zu kaufen, und wenn man dann auch noch die Muße hat, selbst zu kochen. Was ist aber mit denen, die diese Zeit nicht haben, weil sie arbeiten müssen?«

Die Antwort ist einfach: Wer weniger Zeit hat, weil er erwerbstätig ist, hat im Gegenzug mehr Geld. Und das macht das Einkaufen doch erheblich leichter.

Denn anders, als Abend für Abend in den Nachrichten von rechtschaffen empörten Politikern zu hören ist, gibt es für Hartz-IV-Empfänger durchaus finanzielle Anreize, eine bezahlte Beschäftigung aufzunehmen. Da ist erst einmal ein Freibetrag von 100 Euro, der gar nicht angerechnet wird. Das bedeutet immerhin, dass neben Miete und Krankenkasse nicht 359 sondern 459 Euro zur Verfügung stehen.

Alles, was über 100 Euro Verdienst hinausgeht, wird 20:80 aufgeteilt, d.h. von jedem Hunderter bleiben dem Hilfeempfänger 20 Euro zusätzlich. Wer also einen 400-Euro-Job annimmt, darf davon 100+3x20 = 160 Euro behalten – und hat auf diese Weise statt 359 immerhin 519 Euro im Monat zur Verfügung.

Das ist, zugegeben, immer noch verflixt wenig Geld, und man muss unentwegt verzichten. Dennoch: Den Lebensmitteletat kann man ein bisschen aufstocken, und dann muss man sich nicht ganz so arg verrenken, wie ich es mit 132,71 Euro musste.

Allerdings muss ich einräumen, dass auf fleißige Studenten leider nicht zutrifft, dass sie, je mehr sie tun, desto mehr Geld im Portemonnaie hätten. Da gilt es dann doch, Pfiffigkeit und Zeit aufzuwenden, um über die Runden zu kommen. Das Tröstliche in diesem Lebensabschnitt: die zumeist berechtigte Hoffnung, dass die mageren Zeiten nur vorübergehend sind.

Mittagessen: *Karottensuppe mit Crème fraîche 0,50 €, Fladenbrot mit Knoblauchbutter aus 200 g Mehl 0,35 €*
= 0,85 €

Abendessen: *Krautsalat 0,73 €, Brot mit Chorizo 0,35 €, Butter, Marmelade 0,10 €, 1 Kiwi 0,25 €* **=1,43**

Tagesverbrauch: 3,28 €

Obst / Gemüse: *Apfel, Karotte, Weißkohl, Kiwi*

Nur 3,28 Euro? Ehrlich gesagt gehe ich auch ziemlich hungrig ins Bett. Morgen wird geschlemmt. Mit Schokoplätzchen und Ravioli.

20. Tag

Himmlisches Eis, köstliche Ravioli
– und eine total versaute Bilanz

Erst mal wird ausgiebig gefrühstückt: Tee mit Milch wie üblich, dazu Müsli mit Apfel und zwei belegte Brote, eines mit der letzten Scheibe Bergkäse und eines mit dem nun wirklich allerletzten Rest der wunderbaren spanischen Paprikawurst.

Derart gestärkt mache ich mich auf den Weg. Ein strahlender Tag mit hochsommerlichen Temperaturen. Halb München scheint sich im Englischen Garten versammelt zu haben. An allen Ecken trommelt und musiziert und flaniert es und wird sich gesonnt und gebadet und gesurft. Leider habe ich keinen Proviant mitgenommen, und irgendwann übermannt mich der Appetit. Am Ausgang Richtung Universität ist ein kleiner Kiosk, das »Milchhäusl«. Erst vor kurzem hat mir jemand erzählt, dass es dort Bio-Brotzeit gibt. Ich schaue vorbei und sehe, dass es neben Bio-Bratwurst auch Bio-Eis gibt, in Demeter-Qualität. Sehr ungewöhnlich.

Da ich gestern so wenig Geld ausgegeben habe, sollte es für ein kleines Kiosk-Eis reichen. Als ich an der Reihe bin, muss ich feststellen, dass das Eis einen stattlichen Preis hat. 2,80 Euro kostet ein Becher Pistazie. Ich sollte besser unauffällig den Rückzug antreten. Ich bringe es nicht übers Herz, so unbändig ist mein Lust auf dieses Eis. Hier und jetzt muss es sein. Es schmeckt himmlisch. Reue und Buße werden vertagt.

Später geht die Schlemmerei weiter. Ravioli hatte ich mir vorgenommen. Aus Mehl und einem Ei knete ich einen Teig, wickle ihn in Folie und lege ihn nicht in, sondern auf den Kühlschrank. Dann hacke ich zwei Zwiebeln und lasse sie in einer Mischung aus Butter und Öl schmurgeln, bis sie richtig weich sind und braun werden. Ein Löffel Essig dazu, Salz und Pfeffer. Eine gekochte Kartoffel ist noch da, die zerquetsche ich, vermansche sie mit der Zwiebelmasse und rühre noch ein Ei dazu.

Teig ausrollen, in Rechtecke schneiden, ein Löffelchen Zwiebelfüllung in die Mitte setzen, zusammenklappen und mit der Gabel die Ränder zusammendrücken. Eine Minute in Salzwasser kochen, fertig.

Es sind viel zu viele Ravioli für ein Essen. Die Hälfte hebe ich auf für morgen, schon gekocht, die werde ich dann einfach aufbraten. Heute leiste ich mir dazu noch einen Salat aus einem aufgeschnittenen Champignon, etwas Salatgurke, einer Frühlingszwiebel und einer Cocktailtomate, mit Öl und Zitrone angemacht. Supergeniales Mittagessen.

Nachmittags kommt Besuch. Tee ist schnell gemacht – Plätzchen auch? Ich rasple die Tafel Schokolade und stecke die kleinen Enden, die sich nicht mehr reiben lassen, ohne dass der Finger gleich mitgerieben würde, in den Mund. Die erste Schokolade seit Wochen, wie lecker. Die Schokoraspel mische ich schnell mit etwas Frischkäse, Mehl, Zucker, Butter, einer Messerspitze Backpulver und einem Ei, setze winzige Häufchen von der Masse auf ein Blech und backe sie einige Minuten. Fertig. Das ging wirklich fix. Und schmeckt göttlich.

Mit 3,10 Euro Gesamtkosten sind diese Plätzchen nicht ganz so günstig wie die Butterplätzchen oder die Haferkekse. Aber wenn man nur hin und wieder einen nascht, sollte das drin sein. Heute allerdings sitzen drei Begeisterte um den Plätzchenteller, und schwupps ist ein großer Teil futsch.

Wie sieht die Obst-Gemüse-Bilanz für heute aus? Ein Apfel, ein großes Stück Gurke, 50 Gramm Champignons, Zwiebel, Frühlingszwiebel, winzige Tomate. Nicht ganz schlecht, aber ein bisschen fehlt noch. Da fällt mir der Krautsalat ein, der noch im Kühlschrank ist. Genau das Richtige jetzt.

Frühstück: *Tee mit Milch 0,20 €, Müsli mit Apfel 0,75 €, Käsebrot 0,35 €, Wurstbrot 0,35 € = **1,65 €***

Mittagessen: *125 g Mehl 0,15 €, 2 Eier 0,52 €, 2 große Zwiebeln 0,36 €, 1 Kartoffel 0,15 €, geriebener Käse 0,15 €,*

Essig, Öl, Butter, Salz, Pfeffer 0,20 € = 1,63 € für die Gesamt-menge, anteilig 0,63 €. Salat: 1/4 Gurke 0,32 €, Champignons 0,60 €, 1 Frühlingszwiebel 0,17 €, 1 Cocktailtomate 0,08 €, Zitronensaft, Öl, Salz, Pfeffer 0,20 € = 1,37 €.

*Macht zusammen **2,00 €**. Der Salat wieder überproportional teuer. Aber diesmal im Rahmen.*

***Nachmittags:** Plätzchen: Schokolade 1,59 €, Frischkäse 0,65 €, Butter 0,31 €, Ei 0,25 €, Zucker 0,20 €, Mehl 0,10 € = 3,10 € Gesamtkosten. Anteilig: 0,75 €. Dazu Tee mit Milch 0,25 €*
*= **1,00 €***

Extra:** Eis im Park **2,80 €

Abendessen:** Krautsalat **0,74 €

Tagesverbrauch: 8,19 €

***Obst / Gemüse:** Apfel, Zwiebeln, Gurke, Champignons, Frühlingszwiebel, Weißkraut*

Oweh. Das war ein echter Schlemmer-Tag und entsprechend teuer. Essen ohne Eis 5,39 Euro. Aber zusammen mit gestern, als es nur 3,23 Euro waren, ergäbe sich – ohne das Eis – ein Mittelwert von 8,62 durch 2, also 4,31 Euro. Das wäre wieder perfekt im Rahmen. Nur das Eis sprengt alles. Es wird Tage dauern, um das wieder ein-zusparen.

21. Tag
Außer Haus, außer der Reihe

Heute außer Haus gegessen. Der einzige bezahlte Auftrag in diesem Monat, da konnte ich nicht streiken, auch wenn ich damit meine Hartz-IV-Diät unterbrechen musste. Logisch, dass dieser Tag nicht mitzählt.

Besuch in Franken, auf einem Weingut. Da gab es zur Mittagszeit ordentlich was von Metzger. Die köstlichsten fränkischen Würste, Speck, Obatzda und – inzwischen achte ich noch mehr als bisher auf so etwas – auch Tomatensalat, also eine Gemüseportion. Nach dem doch sehr kontrollierten Essen in den letzten Wochen hat es mir höllisches Vergnügen bereitet, zweimal nachzunehmen.

Abends jedoch, beim vielgängigen Menü, war ich eigentlich komplett überfordert von der Vielfalt und der Menge. Völlig aus der Übung. Im Grunde war ich fast eher befremdet als entzückt von all der Kunstfertigkeit, die sich da in einem halben Dutzend Gerichte austobte. Es war wohl ausgezeichnet, aber seltsamerweise sehnte ich mich während des Mahls direkt nach meiner eigenen Küche mit meinen bescheidenen, dabei immer guten Gerichten.

22. Tag
Lebensmittel auf dem Müll

Heute früh wie üblich Tee mit Milch, Müsli mit Apfel. Dazu Butterbrot. Weil nichts mehr da war, was man im landläufigen Sinne unter Brotbelag versteht, habe ich ein Viertel der Salatgurke in Scheiben geschnitten, leicht gesalzen, gepfeffert und aufs Brot gelegt. Nicht übel. Mittags schaue ich nach den Karotten – und bin wütend. Sechs Karotten sind noch in der Tüte, zwei zeigen erste Anzeichen von Schimmel. Weg damit. Wie konnte ich bloß glauben, dass es günstig ist, eine Großpackung zu kaufen? Für einen Ein-Personen-Haushalt! Nie wieder will ich mich von scheinbar günstigen Großpackungen verlocken lassen. Denn sobald etwas davon im Müll landet, hat sich der scheinbare Preisvorteil ins Gegenteil verkehrt.

Insgesamt landet bei uns beinahe ein Drittel aller Lebensmittel auf dem Müll. Einen Teil entsorgen die Läden, wenn sich Waren dem Mindesthaltbarkeitsdatum nähern. Zuhause wird ebenfalls einiges weggeworfen. Und auch in der Gastronomie bleibt vieles ungegessen.

Fleisch zum Beispiel: Wenn im Biergarten Hendl gebraten werden, kommt bei Geschäftsschluss die ganze »Wand« mit frisch gebrutzelten Hühnchen einfach in den Müllsack. Die gebratenen Tiere sind nicht alt oder gammlig, sie sind einfach nur im falschen Moment fertiggebraten.

Weniger vorbereiten? Wird nicht gemacht, weil Studien gezeigt haben, dass der Kunde eher kauft, wenn viel von einer Ware da ist, »Warendruck« nennen das Marketing-Experten. So kommt es, dass viele Hähnchen zuerst in zu engen Käfigen gequält, dann getötet und gebraten werden – bloß um anschließend auf dem Abfallhaufen zu enden. Man muss nicht übertrieben zart besaitet sein, um das schrecklich zu finden.

Zurück zu den Karotten. Die zwei schönsten Exemplare lege ich für morgen beiseite, zwei weitere, die noch gut sind, werden sofort zu Salat verarbeitet. Salat aus gekochten Karotten, dazu Butterbrot und ein paar von den Schokokeksen sind mein Mittagsschmaus.

Heute finden im Univiertel Hofflohmärkte statt. In einem Hof bekomme ich einen feinen Rhabarberkuchen in die Hand gedrückt. Ich erkundige mich nach dem Rezept. Muss in den nächsten Tagen mal versuchen, davon eine winzige Portion zu backen. Das Problem beim Kuchen ist ja: Einfach ein Stück kaufen geht nicht, weil zu teuer. Selber backen ist für eine Person ebenfalls nur begrenzt sinnvoll. Mal schauen.

Abends gibt es die restlichen Ravioli. Ist noch eine Riesenportion, reicht eigentlich für zwei. Ich brate sie in etwas Butter und Öl. Dazu gibt es Salat aus dem letzten Gurkenviertel, dem verbliebenen Champignon, einer Frühlingszwiebel, Salz, Pfeffer, Joghurt und danach Bananenquark.

Joghurt hat nicht lang gereicht diesmal.

Habe heute wieder von den sehr reifen Sonderangebots-Bananen bei Landmann Gebrauch gemacht. Als ich zur Crème fraîche greifen will, die ich brauche, wenn ich die Lauch-Kartoffel-Suppe machen werde, fällt mein Blick auf den Schmand. Beide kosten 79 Cent, bei Schmand sind allerdings 200 Gramm im Becher, bei der Crème fraîche nur 150. Da muss es der Schmand auch tun.

Frühstück: Tee mit Milch 0,20 €, Müsli mit Apfel 0,75 €, 1/4 Gurke 0,33 €, Butter 0,05 €, Brot 0,00 € = **1,33 €**

Mittagessen: Butterbrot 0,15 €, Salat aus gekochten Karotten 0,50 € = **0,65 €**

Nachmittag: Kuchen 0,00 €

Abendessen: Ravioli 1,00 €, Gurken-Champignon-Salat: Gurke 0,32 €, Champignon 0,60 €, Frühlingszwiebel 0,17 €, Joghurt, Salz, Pfeffer 0,25 €, Bananenquark: Quark 0,30 €, Banane, Zucker, Zitrone 0,35 € = **2,99 €**

Tagesverbrauch: 4,97 €

Obst / Gemüse: Apfel, Gurke, Karotte, Champignons, Frühlingszwiebel, Banane

Schon wieder zuviel. Ravioli plus Salat plus Bananenquark ergibt ein nettes kleines Menü, das für mich aber offenbar zu teuer ist.

Regional konsumieren – das Beste für die Umwelt!
Oder etwa nicht?

In Supermärkten, auch in Naturkostläden, sieht man bei Obst und Gemüse sowie Milchprodukten immer häufiger einen Hinweis, der besagt, es handele sich bei der angebotenen Ware um Produkte »aus der Region«.

Auch in Werbeblättern, Zeitungen und Magazinen ist zu lesen und zu hören, dass man vorzugsweise regionale Produkte konsumieren möge.

Das sei umweltbewusst und erhalte einheimische Arbeitsplätze. Eine große Allianz scheint sich hier gebildet zu haben, der umweltfreundliches Verbraucherverhalten ein Herzensanliegen ist.

Es ist ja auch so einleuchtend. Selbstverständlich wird weniger Energie verbraucht, wenn ein Salatkopf aus einer Gärtnerei in der Nähe kommt, als wenn er über Tausende Kilometer im Lastwagen über die Autobahn herangekarrt wird. Natürlich schmecken reif gepflückte Früchte aus der Nachbarschaft am besten.

Einleuchtend. Logisch. Klar.

Wie regional sind aber auf Sylt verspeiste Nordseekrabben, die zuvor rund achttausend Kilometer im Kühltransporter zurückgelegt haben, weil sie nach Marokko gekarrt wurden, um dort von schlecht bezahlten Frauen gepult zu werden?

Wie regional ist der Kartoffelsalat aus guten bayerischen Kartoffeln, angeboten in einem Münchner Biergarten – wenn die Erdäpfel zuvor zum Waschen nach Italien und anschließend wieder zurück gefahren wurden? Die »Münchner Brezen«, die frühmorgens als tiefgefrorene Teiglinge aus Polen oder der Ukraine über die Autobahn brettern, bevor sie vor den Augen der Kunden »frisch« aufgebacken werden?

Leider, leider steckt im Aufruf zum regionalen Konsum viel peinliche Scheinheiligkeit. Denn: Ist es nicht etwas schräg, wenn ausgerechnet das Land, das seinen Wohlstand der Rolle als Export-Weltmeister verdankt, gegen Importe stänkert? Deutsche, esst deutsche Bananen?

2008 stieg die Nachfrage nach deutscher Milch und deutschen Milchprodukten – und damit deren Preis – deutlich an. Grund: In wohlhabenderen Kreisen in China und anderen fernöstlichen Ländern wurde es schick, Milch zu trinken und Joghurt zu löffeln. Die Freude innerhalb der deutschen Milchwirtschaft war groß. Wie war das also nochmal mit dem Bekenntnis zur Regionalität? Deutsche Milch für chinesische Wohlstandsbürger?

Mit staatlicher Unterstützung durch Exportförderungen überschwemmen deutsche Geflügelzüchter mit deutschen Hähnchenflügeln den afrikanischen Markt und machen den dortigen Bauern das Geschäft kaputt. Sollen denn die Bürger Kenias oder Nigerias nicht ebenfalls regional konsumieren?

Vielleicht sollte man über das Thema nochmal etwas gründlicher nachdenken. Globaler halt…

23. Tag
Backspaß

Beim Frühstück nichts Neues, außer dass heute im Müsli eine ganze Banane ist, plus die letzte Kiwi. So richtig weich ist sie noch immer nicht, nach gut zwei Wochen!!! Aber ich mag sie einfach nicht mehr sehen, also muss sie verschwinden, das heißt gegessen werden. Mittags mache ich mich endlich an die Lauch-Kartoffel-Suppe. Wird auch Zeit, denn die Lauchstange färbt sich an den Enden schon bedenklich gelb.

Die Unterlage des leckeren Kuchen gestern bestand, ich hatte mich erkundigt, aus Quark-Öl-Teig. Soll sehr einfach sein und sehr schnell gehen. Habe ich noch nie gemacht, heute ist Premiere. Es soll kein ganzer Kuchen werden, das wäre für einen allein nicht sehr schlau. Also Kleingebäck. Ich suche nach Ideen. Unter den möglichen Rezepten sind auch Apfeltaschen. Nicht schlecht, Äpfel sind noch da, die Zutaten für den Teig ebenfalls.

Beim Schmökern in Rezeptsammlungen findet sich der Teig in Varianten mit und ohne Ei. Klar, dass ich mich für ohne entscheide – je schlichter, desto besser. Aus Quark, Öl, Milch, Mehl, Zucker und Backpulver und einer kleinen Prise Salz knete ich einen glatten Teig. Der fertige Teig wiegt 660 Gramm. Ich nehme ein Drittel davon und wickle den großen Rest in Frischhaltefolie, packe ihn in eine Tupperdose und verstaue ihn im Kühlschrank. Er wird sich in den nächsten Tagen schon noch nützlich machen können.

In der Obstschale liegt ein schöner Boskop, mit seinem ausdrucksstarken, kräftig-säuerlichen Aroma ist er genau der Richtige. Normalerweise schäle ich Äpfel nicht, hier tue ich es ausnahmsweise, so dünn wie irgend möglich. Denn im Gebäck macht sich Apfelschale leider weniger gut als im Müsli, schon gar nicht die raue Schale des Boskops. Ich schneide die geschälten Teile in winzige Stückchen, brate sie in ganz wenig Butter und streue ein Löffelchen Zucker darüber.

Rosinen wären jetzt fein oder Zitronenschale. Auch ein Schuss

Tauschbörsen für Dienstleistungen

Was tun, wenn kein Geld für eine Fahrradreparatur da ist?
Eine Gegenleistung anbieten!

Dafür gibt es in größeren Städten »Tauschringe«. Beim LETS Tauschring München funktioniert das so: Wenn ich etwas kann, zum Beispiel kochen oder Sprachunterricht geben, biete ich das an. Macht jemand von meinem Angebot Gebrauch, bekomme ich pro Stunde 20 »Talente« gutgeschrieben. Dafür kann ich wieder jemanden buchen, der mir das Fahrrad repariert, ebenfalls für 20 »Talente«, denn jede Arbeit ist gleich viel wert bei LETS.

Eine kleine Auswahl angebotener und gesuchter Dienstleistungen:
– »Märchenstunde. Ich lese vor, Kindern und Erwachsenen«
– »In meinem schönen Garten Deinen Geburtstag feiern«
– »Querflötenspiel zu festlichen Anlässen«
– »Übernachtung mit Frühstück«,
– »Wer scannt Dias und Negative? Wer kann meine Dias und Nagative auf CD brennen?«,
– »Stimmtraining, Gesang, Operngesang«
– »Haare schneiden, nur leichte Schnitte«
– »Wohlfühlmassage. Bei mir zu Hause«
– »Neugriechisch in Wort und Schrift für Anfänger«
– »Bringe Ihr Bürochaos in Ordnung«
– »Wer sucht jemanden zum Vorlesen? Aber Bücher, keine Zeitung.«
Und endlich:
– »Repariere Fahrräder in Neuhausen. Anruf bitte vor 20 Uhr (wegen Kinder)
– danke«.

Ganz zu Anfang muss allerdings einmal echtes Geld bezahlt werden: Die Aufnahmegebühr beträgt 15 Euro.

www.tauschringmuenchen.de

In Berlin gibt es eine ganze Reihe solcher Tauschringe, aufgelistet unter: www.tauschringe-berlin.de

Allgemeine Informationen zum Thema: www.tauschring.de, www.zeitbank.net

Rum könnte nicht schaden, von Zimt ganz zu schweigen. Ist nicht. Macht nichts, es werden halt puristische Apfeltaschen. Als die Apfelstückchen weich sind, fülle ich sie zum raschen Abkühlen in eine flache Schale um.

Teig ausgerollt, in vier Rechteckte zerteilt und an einer Seite ein paar Einschnitte gemacht. Etwas von der Apfelfüllung auf die Seite ohne Einschnitte. Die Teighälfte mit den Schlitzen darüberklappen und mit der Gabel festdrücken. Ab aufs Backblech, auf dem schon ein Blatt Backpapier liegt.

Die gebratenen Apfelstückchen konnte ich gar nicht ganz unterbringen. Ich grüble, was ich damit noch Schönes zaubern könnte. Aber bevor mir etwas einfällt, habe ich das bisschen schon ausgelöffelt.

In wenigen Minuten sind vier schöne, hellgoldbraun gebackene Apfeltaschen fertig. Wenn ich gerade zum Kaffee eingeladen wäre, könnte ich die mitbringen und müsste mich nicht genieren dafür. Abkühlen lassen? Wozu? Warm schmecken sie ganz wunderbar. Zwei sind sofort weg, die beiden übrigen sollen für morgen sein.

Abends gibt es die letzten Karotten, bevor die auch noch Schaden nehmen. Es gibt ein sehr simples Gericht, das ich mag, aber nie Gästen anbieten würde, weil es zu einfach ist. Dabei ist es absolut köstlich. Die ganz schlichte Variante: Kartoffeln und Karotten schälen, zerteilen, in wenig Salzwasser garen. Die Flüssigkeit abgießen (evtl. für Gemüsesuppe aufheben!) und einen dicken Klacks Butter mit in den Topf geben. Mit dem Kartoffelstampfer oder mit der Gabel grob zerstampfen oder zermantschen. Etwas Pfeffer darübermahlen, fertig. Wenn Petersilie da ist, etwas dazutun. Schmeckt himmlisch.

Die aufwendigere Variante: Während das Gemüse kocht, eine Zwiebel fein würfeln und in Butter braten. Die gebratene Zwiebel über das fertige Gericht geben. Schmeckt noch ein kleines bisschen himmlischer. Das Tolle daran: Billiger und gesünder geht es kaum.

Heute landet eine Kartoffel in der Bio-Tonne, und diesmal ist kein Discounter schuld dran. Sie kommt aus dem Bio-Laden, und ich habe sie mir selbst ausgesucht. Ich hatte nach den größten Kartoffeln gegriffen, um nicht so viel Schälarbeit zu haben, und nicht genau aufgepasst. Jedenfalls ist das gute Stück innen braun. Pech gehabt. Ich koche zwei Kartoffeln zusammen mit den beiden Karotten.

Etwas Salatiges möchte ich gern noch dazu. Zur Auswahl: Rotkohl, Weißkohl, Rote Bete, Paprika. Ich erinnere mich an den köstlichen Krautsalat, den ich vor einigen Tagen hatte, und nehme ein Weißkohlviertel. Fein aufgeschnitten, mit einen Löffel Schmand, ganz wenig Essig und Öl, Salz und Pfeffer angemacht, dazu Frühlingszwiebelringe. Sieht leider irgendwie trist aus. Ich erinnere mich an die beiden Kirschtomaten, die ohnehin allmählich aufgebraucht werden sollten. Mit den Tomatenstückchen sieht der Salat sehr appetitlich aus. Und er schmeckt.

Frühstück: Tee mit Milch 0,20 €, Müsli mit Banane und Kiwi 0,90 € = **1,10 €**

Mittagessen: Kartoffel-Lauch-Suppe: Kartoffel 0,49 €, Lauch 1,04 €, Brühwürfel 0,11 €, Zwiebel, Butter, Schmand, Salz, Pfeffer 0,50 € = 2,14 €. Davon die Hälfte: **1,12 €**

Nachmittag: Apfeltaschen Teig: 300 g Mehl 0,36 €, 150 g Quark 0,35 €, 100 g Zucker 0,26 €, 50 ml Öl 0,22 €, 50 ml Milch 0,05 € = 1,24 €. Davon 1/3: 0,41 €, 1 Apfel, etwas Butter und Zucker 0,50 €. Macht 91 Cent für 4 Apfeltaschen. Davon die Hälfte: **0,46 €**

Abendessen: Salat 1/4 Kohl 0,43 €, 2 Tomaten 0,16 €, 1 Frühlingszwiebel 0,17 €, Schmand, Essig, Öl, Salz, Pfeffer 0,20 € = 0,96 €. Kartoffelstampf: Kartoffeln 0,77 €, Karotten 0,44 € (die weggeworfenen jeweils mit eingerechnet) = **1,21 €**

Tagesverbrauch: 4,85 €

Obst / Gemüse: Banane, Kiwi, Kartoffeln, Lauch, 1/4 Kohlkopf, 2 Kirschtomaten, 1 Frühlingszwiebel, 2 Karotten

Gut gespeist, aber 50 Cent über meine Verhältnisse. Das sind exakt die 50 Cent für das weggeworfene Gemüse. Soll nicht wieder vorkommen. In Zukunft kaufe ich noch weniger auf Vorrat und schaue beim Aussuchen noch genauer hin.

Aber dafür geradezu sensationell das Obst-Gemüse-Soll (über)erfüllt. Damit bin ich sehr zufrieden.

24. Tag
Luxus Fahrrad

Heute morgen als erstes, noch vor dem Frühstück, mein Fahrrad aus der Werkstatt geholt. Als ich letzten Freitag nämlich meinen Auswärtstermin hatte, wollte ich zum Bahnhof radeln, hatte aber leider einen Platten. Ich konnte das Rad also nur noch schnell in die Werkstatt schieben und dann mit dem Taxi weiterfahren, sonst hätte ich es nicht mehr geschafft. Toller Start in den Tag.

Die Jungs in Joes Garage empfahlen mir einen neuen Mantel, und weil ich seit Jahren dort hingehe und weiß, dass sie einem auch nichts Überflüssiges aufschwatzen, habe ich Ja gesagt. Das Rücklicht ging auch nicht mehr, und ich habe gebeten, das Rad einmal durchzusehen, damit es wieder für die nächsten Monate fit ist.

57,50 Euro habe ich bezahlt, in einer anderen Werkstatt wäre es vermutlich mehr gewesen. In der Regelsatz-Tabelle sind für Fahrradreparatur und Ersatzteile 36 Cent vorgesehen. Wie lange müsste man auf eine solche Reparatur sparen? Der Rechner sagt: 159,7222 Monate. Das sind 13,33 Jahre. Wahnsinn. Mehr fällt mir dazu nicht ein.

Mag ja sein, dass ein handwerklich versierter Mensch das selber machen kann und dann sehr viel billiger davonkommt. Aber kann man wirklich davon ausgehen, dass eine Dame in vielleicht schon nicht mehr den allerbesten Jahren das ebenso gut hinkriegt? Gibt es Werkstätten, die Hartz-IV-Empfängern kostenlos beibringen, wie man ein Fahrrad repariert? Fragen über Fragen. Keine befriedigenden Antworten in Sicht.

Oder vielleicht doch: Tauschbörsen (siehe Seite 117).

Frühstückshunger. Besuch schneit herein. Ich mache Tee und stelle die beiden gestern gebackenen Apfeltaschen auf den Tisch. Sind immer noch sehr gut. Die eine Apfeltasche war für meinen Hunger – es ist inzwischen später Vormittag – allerdings nicht genug. Ich koche zwei Eier. Harte Eier sollen es werden, von denen eins jetzt aufs Brot soll und eins vielleicht heute Abend in einem Salat unterkommen könnte.

Ich vergesse, auf die Uhr zu sehen. Als ich wieder an die Eier denke, nehme ich sie rasch vom Herd, schrecke sie kalt ab, beginne zu schälen – es sind so perfekt weiche Eier, wie ich sie mit Absicht nur selten hinbekomme. Klar, dass sie beide verfrühstückt werden, zusammen mit zwei Butterbroten. Hinterher gibt's den letzten Apfel. Beim Blick in die Obstschale freue ich mich richtig, dass ich die räudigen Lidl-Kiwis nicht mehr sehen muss.

Mittagessen darf bei dem üppigen Frühstück ruhig etwas karger ausfallen. Aber zuvor muss ich noch etwas in der Drogerie besorgen, ich benötige Haarspülung und Körperlotion. Nachher möchte ich noch schwimmen gehen – es ist brüllend heiß, aber für die nächsten Tage ist schon wieder eine Regenfront angesagt – und da muss ein bisschen Balsam auf die vom Chlorwasser strapazierte Haut.

Eine Stunde später: Lotion und Spülung gibt es im Bio-Laden. Das Ergebnis meiner Körperpflegemittelbeschaffungsmaßnahme sieht folgendermaßen aus: Ich halte Ausschau nach verbilligten Bananen. Keine da. Statt dessen gibt es Erdbeeren, aus Deutschland, das Pfund zu 3,49 Euro. Kann ich mir das leisten? Natürlich nicht. Kann ich widerstehen? Leider ebenfalls nein.

Drei Kartoffeln (62 Cent) und zwei Zwiebeln (38 Cent) sind immerhin ein vernünftiger Kauf. Sie sind haltbar, und ich werde sie über kurz oder lang brauchen. Jetzt aber rücken Radieschen ins Blickfeld. Sie strotzen vor Saft und Knackigkeit, und ihre voluminösen Blätterpuschel leuchten im frischesten Grün. 1,29 Euro. Ganz tapfer sein und nicht an die Radieschen zu 25 Cent denken, die es beim Discounter gibt.

Grundsätzlich finde ich es gut, vegetarisch zu leben, aber ganz so weit, völlig zu verzichten, bin ich noch nicht. Heute habe ich richtig Appetit auf ein bisschen Fleisch. Brotbelag ist alle. Jetzt gönne mir etwas besonders Feines: Pastrami, das ist eine Art Rinderschinken, genauer: in einen Kräutermantel gehülltes, gepökeltes und sanft geräuchertes Rindfleisch. Ursprünglich stammt es aus Osteuropa, populär wurde es in New York, wo ein jüdischer Metzger es als koschere Alternative zu Schinken anbot und damit durchschlagenden Erfolg hatte.

100 Gramm kosten 2,79 Euro, ich bitte um 50 Gramm. Es sind 54 Gramm, 1,51 Euro, acht leckere Scheiben, von denen jede also 19 Cent kostet, das passt. Immer noch aber liebäugele ich mit einem Stück Fleisch vom Grill. Schweinerückensteak ist im Angebot, 100 Gramm zu 1,69 Euro. So richtig billig ist das nicht, aber ich bitte um eine Scheibe. Hinterher sehe ich, dass das Stückchen Fleisch 2,64 Euro kostet. Das ist auf jeden Fall zuviel, als dass ich mir erlauben könnte, es auf ein Mahl zu verputzen. Fleisch am Stück ist anscheinend wirklich nicht drin. Ich werde eine Art Geschnetzeltes daraus machen, dann reicht es wenigstens für zwei Tage.

Während ich das schreibe, vertilge ich nebenbei mein Mittagessen: den Krautsalat, dazu zwei halbe Brote, eins mit Pastrami, das andere mit Radieschen belegt. Damit die Radieschenblätter nicht welken, werden sie gleich zu einer Füllung für Teigtaschen verarbeitet: 30 g geriebener Käse, die gehackten Blätter, Knoblauch, Salz, Pfeffer, 75 g Frischkäse. Weiterverarbeitet wird's morgen.

Habe fünf Erdbeeren genascht, mal schauen, wie teuer das war. 3,49 Euro für 27 Stück, eine Erdbeere kostet also 13 Cent. Langsam hasse ich es, alles auf die Waage zu legen, damit ich weiß, wieviel ein Löffel hiervon und Krümelchen davon kostet. Ich hoffe, ich werde das irgendwann wieder vergessen können. 65 Cent für 5 Erdbeeren, ganz schön teuer. Aber wusste ich das nicht schon vorher?

Um sieben Uhr muss ich weg zum Sprachkurs, um neun geht's weiter zur Chorprobe. Keine Zeit für Abendbrot. Erst nach elf komme ich dazu, etwas zu essen. Die Vichyssoise, wie sich die Kartoffel-Lauch-Suppe, direkt aus dem Kühlschrank, jetzt nennen darf, schmeckt hinreißend.

Frühstück: Tee mit Milch 0,25 €, 2 Apfeltaschen 0,46 €, 1 Apfel 0,30 €, 2 Eier 0,53 €, 2 Butterbrote 0,30 € = **1,74 €**

Mittagessen: 2 belegte Brote 0,70 €, Krautsalat 0,50 € = **1,20 €**

Abendessen: Kartoffel-Lauch-Suppe 1,12 €, Erdbeeren 0,65 € = **1,77 €**

Tagesverbrauch: 4,11 €

Obst / Gemüse: *Apfel, Kraut, Lauch, Erdbeeren*

Knapp unterm Limit. Gerade 24 Cent vom Sonntags-Exzess reinge-
holt. Und: Letzte Nacht knurrte mir heftig der Magen. Ich fühlte mich
so leicht und leer, mir war, als schwebte ich eine Handbreit über der
Matratze.

25. Tag
Backspaß, 2. Teil

Milch ist alle. Ich gehe zu Plus, aber die Stelle im Kühlregal, wo die Bio-Vollmilch stehen sollte, ist gähnend leer. Ich gähne mit, weil mir mein Morgentee fehlt. Lange Wege will ich vor dem Frühstück nicht machen, also zu Penny. Tatsächlich finde ich dort Bio-Vollmilch, 89 Cent der Liter. Im Vorbeigehen bleibt mein Blick an einem Glas Apfel-Mango-Mus hängen. ein kleines Glas, 99 Cent. Ich denke an die Kartoffelpuffer, die ich mir demnächst aus dem Grünen Markt holen möchte, und packe es ein. Jetzt nichts wie weg, 1,88 Euro, das ist vertretbar. Mehr ist aber heute nicht drin.

Für heute Nachmittag sind heftige Gewitter angesagt. Im Augenblick ist der Himmel noch wolkenlos, deshalb sehe ich zu, dass ich schnell noch ins Schwimmbad komme, bevor das Donnerwetter herunterkommt.

Danach bin ich hungrig wie ein Wolf. Der Weiterverarbeitung harren eine Kugel Quark-Öl-Teig und eine Schüssel mit Radieschenblätter-Frischkäse-Füllung. Zu dumm nur, dass der Teig süß ist. Aber ist das nicht gerade Mode? Kochen nicht viele der jungen Köche gern süß und gehen großzügig mit Zucker, Honig oder Ahornsirup um? Wer weiß, vielleicht ist die Kombination aus süßem Teig und pikanter Füllung sogar ganz apart? Wenn ich es nicht ausprobiere, werde ich es nie erfahren. Ein Versuchsstück muss her.

Nun ja. Apart ist wohl das richtige Wort. Man könnte auch sagen: ulkig. Der Teig ist so süß, dass eine Apfelfüllung wohl tatsächlich die bessere Wahl wäre. Andererseits, merkwürdig ist vor allem der Rand, also der nackte süße Teig, genauer: der Moment, in dem nur süßer Teig im Mund, aber die pikante Füllung schon zu riechen ist. Das verwirrt. Das Innere, wo Teig und Füllung zusammenkommen, ist doch nicht ganz unlecker. Die Füllung mit den Radieschenblättern ist jedenfalls große Klasse.

Ich mag jetzt keinen neuen Teig machen, außerdem habe ich keine Füllung für den vorhandenen. Äpfel sind nicht da, Erdbeeren erscheinen mir nicht passend. Und das heute erstandene Apfelmus? Nächster Versuch also.

Ich beglückwünsche mich selbst dazu, dass ich so früh schwimmen gegangen bin. Es ist sechs Uhr, und der Himmel ist giftig-schwarz. Aus dem Fenster sehe ich, wie die Leute sich beeilen, um noch vor dem großen Guss ins Trockene zu gelangen. Leider muss ich nachher noch raus, Bezirksausschuss-Sitzung.

Aber vorher wird noch weiter gebacken. Ich finde, dass die Radieschenblätter-Füllung als Hülle etwas Besseres verdient hat als diesen albernen süßen Teig. Ein Restchen Quark ist noch da, das mögen so zwischen 50 und 100 Gramm sein. Ich gieße ein kleines bisschen Milch dazu, nur einen »wönzigen Schlock«, einfach in die Plastikpackung mit dem Quarkrest, und ein ebenso kleines bisschen Öl. Dann häufe ich Mehl drauf, eine Handvoll, vielleicht etwas mehr, und je eine Prise Backpulver und Salz. Mit der Gabel verrühre ich das Ganze, so gut es geht, nehme etwas Mehl auf die Hand, greife in die Plastikschale und hole den Teig heraus. Ich knete, und da es in der Konsistenz dem Teig ähnelt, den ich vorgestern gemacht habe, denke ich, dass es schon gut sein wird.

Wieso wird eigentlich ständig behauptet, dass Backen eine so exakte Wissenschaft sei, bei der es darauf ankommt, aufs Gramm genau zu arbeiten? Dieser Quark-Öl-Teig zumindest scheint ein äußerst gutmütiger und strapazierfähiger Geselle zu sein, der nichts übelnimmt. Ich rolle den Teig zu einem großen Rechteck, teile es in vier kleinere Rechtecke, verteile die Füllung darauf, klappe den Teig zu Taschen übereinander und verschließe sie, indem ich die Ränder mit der Gabel festdrücke. Ab in den Backofen. Nach zehn Minuten sind sie fertig, herrlich goldbraun.

Was mache ich mit dem süßen Teig? Der darf nicht verkommen. Inzwischen ist der Spieltrieb in mir erwacht. Ich rolle alles zu Rechtecken oder Quadraten, auf einige löffle ich etwas Apfelmus, auf zwei setze ich jeweils eine dicke Erdbeere. Was soll ich sagen? Sie sind alle gut geworden. Sie schmecken, so frisch und warm aus dem Ofen, derart gut, dass ich viel zuviel esse und leichtes Bauchdrücken habe.

Abends darf es nur noch ein Süppchen geben. Die Rote-Bete-Knolle muss weg, vielleicht gelingt daraus eine ebenso feine Suppe wie mit dem Lauch.

Ich weiß nicht mal, wie viele Teigtaschen ist jetzt vernichtet habe. Sechs Stück sind noch da, eine mit Erdbeeere (schmeckt besonders gut, suppt aber etwas), drei mit Apfelmus und zwei mit Radieschen-blätterfüllung. Mehr als sechs Stück kann ich ja wohl unmöglich gegessen haben, also setze ich für heute den halben Preis der ganzen Bäckerei an.

Als ich nach Hause komme, ist es so spät, dass an Kochen nicht mehr zu denken ist. Ich schnappe mir die Birne und vergreife mich nochmal an den Teigtaschen. Drei Stück sind gleich weg wie nix, und nur die Tatsache, dass ich alles protokolliere, verhindert wohl, dass sie alle meinem späten Hunger zum Opfer fallen.

Frühstück: *Tee mit Milch 0,30 €, Müsli mit Erdbeeren 0,98 €, belegtes Brot mit Pastrami 0,35 € = **1,51 €***

Mittagessen: *diverse Teigtaschen. Süßer Teig 0,83 €, Frischkäse 0,65 €, geriebener Käse 0,25 €, Radieschenblätter, Knoblauch, Salz, Pfeffer 0,35 €. Salziger Teig 0,50 €, 2 Erdbeeren 0,26 €, Apfelmus 0,25 € = 3,09 €. Davon die Hälfte: **1,55 €***

Abendessen: *3 Teigtaschen 0,78 €, Birne 0,39 € = **1,17 €***

Tagesverbrauch: 4,35 €

Obst / Gemüse: *120 g Erdbeeren, Radieschenblätter, 1 Birne. Reicht das? Leider nein.*

Vom Preis her also auf den Cent genau im Rahmen, aber von der Ausgewogenheit her und von der Obst-Gemüse-Bilanz nicht so perfekt. Mit den Teigtaschen habe ich mir sozusagen mein eigenes Fast Food gebastelt und habe abends bequem danach gegriffen. War aber auch lecker.

26. Tag
Miezenfrühstück und Picknick auf der Parkbank

Heute früh schauen mich zwei Augenpaare erwartungsvoll an. Ich öffne den Schrank – leer. Vor lauter Beschäftigung mit meinem eigenen Essen habe ich glatt vergessen, den Vorrat an Katzenfutter aufzufüllen. Es ist noch recht früh, der Drogeriemarkt hat noch nicht geöffnet, der Bio-Laden auch nicht. Ich schaue bei Rewe rein und erfahre, dass es dort kein Katzenfutter gibt.

Dafür sehe ich, dass die (Nicht-Bio-)Erdbeeren hier mehr kosten, als ich gestern im Naturkostladen bezahlt habe, und freue mich diebisch. Grad so, als würde dadurch nachträglich mein gestriger Luxus-Kauf legitimiert.

Und ich entdecke Bio-Kirschtomaten für nur 99 Cent für das Halb-Pfund-Schälchen sowie Salatgurken, ebenfalls 99 Cent. Bio, logisch, von etwas anderem reden wir hier ja nicht. Ich freue mich schon auf den Salat, den es später geben wird. Die Freude wird allerdings getrübt durch den Gedanken an zwei hungrige Katzen.

Ich radle herum und sehe, dass Penny schon geöffnet hat. Ein Glück, denn hier gibt's was für die Miezen. Außerdem entdecke ich hier die günstigste Bio-Süßrahmbutter, die ich bis jetzt gefunden habe, 1,49 Euro. Zwar ist noch ein Rest Butter zuhause, aber der Vorratstrieb ergreift schon wieder Besitz von mir. Betzi und Syrah freuen sich über ihr Happi. Ich freue mich auf mein Erdbeer-Müsli.

Heute Mittag bin ich mit einem alten Freund zum Essen verabredet. Wir haben ausgemacht, dass wir nicht in ein Lokal gehen, sondern Picknick auf der Parkbank machen. Ich packe die drei verbliebenen Teigtaschen ein. Zwei sind mit der Radieschenblättercreme gefüllt, die dritte mit Apfel-Mango-Mus.

Andreas hat Brote mit Schnittlauch-Basilikum-Quark vorbereitet. Er ist noch etwas skeptisch wegen des Draußensitzens, über Nacht hat es einen regelrechten Temperatursturz gegeben. Wir sitzen in Mänteln auf einer Bank am bunt bepflanzten Weißenburgerplatz, teilen unser Mitgebrachtes auf – und genießen es. Grad schee is.

Vor dem Zurückradeln muss ich noch dem Grünen Markt einen Besuch abstatten, denn ich möchte ja die Kartoffelpuffer ausprobieren. Weil der Bevorratungstrieb noch nicht zu hundert Prozent befriedigt ist, kommt noch eine Dose Tomatenstücke zu 99 Cent mit auf den Weg.

Da ich nicht daran gedacht habe, zum Treffen etwas zu trinken mitzunehmen, habe ich großen Durst, als ich nach Hause komme. Aber langsam ödet mich das ewige Wasser an. Mir fällt ein, dass ich mal gelesen habe, dass man zu Uromas Zeiten Kindern im Sommer Essigwasser als Erfrischungsgetränk verabreicht hat, denn damals waren Zitronen keine so alltägliche Selbstverständlichkeit wie heute. Mal ausprobieren.

Ein Löffelchen Essig, ein Löffelchen Zucker, mit viel kaltem Wasser aufgießen. Nicht der beste Drink aller Zeiten, aber, das muss man zugeben, sehr erfrischend. Eine nette Abwechslung. Und: Jetzt weiß ich wieder, was ich an purem Leitungswasser habe.

Als ich später Reis koche, genauer: als der Reis fertig ist und ich schon ansetze, ihn abzugießen, fällt mir etwas ein. Vor etlichen Jahren – damals verdiente ich gut – habe ich einmal eine Ayurveda-Kur gemacht. Die hat viel Geld gekostet. Dafür bekam man an manchen Tagen kaum mehr als Reiswasser. Soll aber sehr gesund sein. An den Geschmack erinnere ich mich kaum, war eher fade.

Trotzdem kommt das Reiswasser jetzt nicht in den Ausguss, sondern in eine große Tasse. Heute ist der Tag der experimentellen Getränke. Was soll ich sagen: Ist kein Erfrischungsschluck, schmeckt aber besser als das Essigwasser. Würzig, fast wie Brühe. Ich nehme mir ganz fest vor, künftig Reiswasser für die Herstellung von Suppen zu verwenden.

Mein Blick fällt auf einen kleinen Topf, der auf dem Herd steht. Habe ich nicht vorgestern – oder war es vorvorgestern – habe ich da nicht schon irgendein Gemüse-Kochwasser aufgehoben, um daraus Suppe zu machen? Ich lüfte den Deckel, die trübe Flüssigkeit darin müffelt. So ist das manchmal mit guten Vorsätzen.

Den Reis habe ich gekocht, damit er das Schweinegeschnetzelte begleitet. Denn heute muss das Fleisch gemacht werden. Ach, ich hätte so viele Ideen, wie das gute Stück zuzubereiten wäre. Aber immer wären Zutaten erforderlich, die nicht da sind – und die auch vom Preis her nicht drin sind. Kokosmilch zum Beispiel. Zwar juckt es mich in den Fingern, einfach ins Regal zu greifen, denn da steht noch eine Dose. Geht nicht, ist nicht. Ist auch nicht Bio, sondern aus dem »Shanghai-Markt«.

Dafür hat sich durch meinen Drang, Lebensmittel anzuhäufen, ein Gemüsevorrat angesammelt, der dringend verarbeitet werden muss. Die kleine Paprika hat sich im Kühlschrank tapfer gehalten, länger soll sie aber nicht warten müssen. Zwiebel, Paprika, Fleisch-streifen – ist doch gar nicht schlecht. Kokosmilch? Ach was, im Eisschrank ist noch ein Rest Schmand, außerdem der Senf. Das wird ein prima Essen.

Anders als bei den Spaghetti Bolognese am zweiten Tag verbiete ich mir diesmal von vornherein, alles auf einmal zu essen. Es wäre schlicht zu teuer. Ich koche 150 Gramm Reis und hebe auch davon die Hälfte für morgen auf. Zum Essen mache ich mir noch einen netten Salat aus Gurke, Tomaten, Frühlingszwiebel und der fast vergessenen halben Chilischote.

Danach eine Runde Radeln. Es ist kühl draußen, aber das klare frische Grün ist eine Wonne für die Augen. Im Olympiapark sind die Zelte für das Tollwood-Festival im Aufbau. Am 18. Juni geht es los und dauert drei Wochen. Gern wird es als alternatives Oktober-fest verspottet. Aber: Statt Geisterbahn gibt es tolle Konzerte, statt flächendeckend einheitlicher Hendl Gerichte aus sämtlichen Ecken der Welt – und das Schönste: alles Bio. Angeblich ist es das erste Festival weltweit, dessen Gastronomie komplett bio-zertifiziert ist. Wenn das nicht die bessere Wiesn ist!

Erst zusammenrechnen und dann sehen, ob ich mir noch Pfeffer-minztee und Schokoplätzchen genehmigen darf.

Frühstück: Tee mit Milch 0,20 €, Erdbeeren 0,52 €, Joghurt 0,33 €, Haferflocken 0,05 € = 1,10 €

Mittagessen: Teigtaschen **0,78 €**

Zwischendurch: Butterbrot mit Radieschen **0,50 €**

Abendessen: Geschnetzeltes mit Reis. *Fleisch 2,68 €, Zwiebel 0,19 €, Paprika 0,40 €, Schmand 0,39 €, Reis 0,15 €, Öl, Senf, Knoblauch, Salz, Pfeffer, 0,15 € = 3,96 €. Davon die Hälfte: 1,98 €. Salat: 1/4 Gurke 0,25 €, 3 Kirschtomaten 0,15 €, 1/2 Chilischote 0,08 €, 1 Frühlingszwiebel 0,17 € = 0,65 €.*

Abendessen total: **2,63 €**

Tagesverbrauch wäre damit 5,01 €.

Wieder mal das Ziel verfehlt. Fleisch ist eben Luxus, das beißt die Maus keinen Faden ab. Aber hin und wieder vielleicht? Sehe ich mir die Bilanz der letzten drei Tage an (3,46 Euro, 4,23 Euro und 5,01 Euro), komme ich auf 12,70 Euro geteilt durch 3, also auf einen Schnitt von 4,23. Das wäre sehr perfekt, bleibt sogar knapp unter dem Erlaubten.

Den Pfefferminztee habe ich allerdings schon gemacht, kommen also noch 6 Cent hinzu. Mithin beträgt der

Tagesverbrauch: 5,07 €

Obst / Gemüse: Erdbeeren, Radieschen, Zwiebel, Paprika, Gurke, Tomate, Frühlingszwiebel

27. Tag
Aber bitte mit Sahne

Unglaublich: Seit fast vier Wochen mache ich das jetzt. Die Zeit ist so schnell vergangen. Jetzt komme ich eigentlich erst so richtig in Fahrt.

Sehr merkwürdig: In diesen Wochen habe ich – mit der einzigen unvermeidlichen Ausnahme am 21. Tag – alle beruflich bedingten Einladungen abgesagt. Und obwohl es bei diesen Einladungen, deren Thema ja stets das Essen und Trinken selbst ist, immer opulent und köstlich zugeht, scheint mir, ich hätte gerade in letzter Zeit besonders gut gegessen.

Mit der Aussage begebe ich mich auf tückisches Terrain. Nein, ich will nicht der Idylle der Armut das Wort reden. Nein, es ist ganz sicher nicht das Billigste das Beste. Das Einfachste kann jedoch sehr wohl das Beste sein – wenn es eben von hoher Qualität ist. Das ist der Punkt, auf den es ankommt. Alles, was ich auf dem Teller hatte, war zu hundert Prozent appetitlich.

Dass es mengenmäßig begrenzt und mühsam zusammengesucht war, dass es einiges an Überlegungen und sorgfältiger Zubereitung erfordert hat, hat es für mich, subjektiv, besonders wertvoll gemacht. Bis auf das einzige Mal, als ich die Teigtaschen gebacken hatte, war es immer so, dass das Essen gerade gereicht hat. Es war nie zuviel. Immer hatte ich bis zur nächsten Mahlzeit lebhaften Hunger.

Ist das gut? Jein. Ein gewisses Entbehrungsgefühl war da, aber ich habe mich zum Beispiel körperlich immer gut gefühlt. Ich glaube, dass ich mich sehr gesund ernährt habe. Wenig Fleisch, sehr wenig Zucker. Der durchschnittliche Zuckerkonsum liegt in Deutschland bei gut 100 Gramm pro Tag und Person. Bei mir waren es in den letzten Wochen im Schnitt 20 Gramm.

Beim Fleisch ist es ähnlich: 103 Gramm isst der deutsche Mann, 53 Gramm die deutsche Frau täglich an Fleisch- und Wurstwaren (sind Frauen also doch die besseren Menschen?). Das ist der Durchschnittswert, da sind auch die Vegetarier mitgezählt. Auch diesen Wert habe ich deutlich unterschritten.

Bei Obst und Gemüse ist es mir nicht gelungen, die Empfehlungen der Deutschen Gesellschaft für Ernährung beziehungsweise der Weltgesundheitsorganisation jeden Tag vollständig zu erfüllen. Trotzdem habe ich mich in dieser Versuchszeit dem Ideal sehr viel weiter angenähert, als das beim Durchschnittsdeutschen der Fall ist. 120 Gramm Obst und 85 Gramm Gemüse sind der durchschnittliche Pro-Kopf-Einkauf pro Tag. (Und davon landet dann auch noch ein Teil im Müll.)

Gerade wieder mal rechtzeitig bei der Hofpfisterei vorbeigekommen. Die letzte halbe Stunde, das bedeutet 40 Prozent Rabatt. Es sind noch Brezen da! Toll! Langsam finde ich Gefallen an dieser Schnäppchenstunde. Sonst habe ich immer zugesehen, dass ich Brot möglichst früh hole, damit ich die volle Auswahl habe und genau das bekomme, was mir vorschwebt.

Jetzt muss ich nehmen, was übrig ist, es hat etwas von einer Wundertüte. Wenn um die späte Stunde noch Brezen da sind, ist das so außergewöhnlich, dass man reflexartig zugreift, auch wenn einen den ganzen Tag über kein einziges Mal die Sehnsucht nach Brezen gequält hat. Ein Viertel Laib »Hausbrot« kommt dazu, 548 Gramm wiegt das Stück, und es kostet 1,18 Euro. Damit bin ich die nächsten Tage versorgt.

Weil aber die Erdbeeren keinesfalls verkommen dürfen – lieber das Budget überziehen als riskieren, dass die kostbaren Früchtchen schlappmachen – und sie standesgemäß angerichtet werden sollen, braucht es noch Sahne. Die fehlt ohnehin, um endlich die Rote-Bete-Suppe zu kochen. Diesmal aber eben kein Schmand, keine Crème fraîche, sondern süße Sahne, damit es als Nachspeise Erdbeeren mit Schlagsahne geben kann. Mir läuft schon das Wasser im Mund zusammen.

Beim Bäcker gibt es zwar Andechser Käse und Andechser Butter, aber keine Sahne. Das bedeutet, nochmal den Naturkostladen aufsuchen. Das Kühlregal ist nah am Eingang. Ich muss also nicht den ganzen Laden durchqueren. Das ist ein Vorteil, denn so komme ich nicht in Versuchung, noch anderes mitzunehmen. Aber noch während mich dieser durch und durch vernünftige Gedanke erfüllt, tragen mich meine Füße schon unwillkürlich ganz nach hinten, Richtung Obst und Gemüse. Gut gemacht. Im Korb liegen »reife Bananen«, das Kilo zu 99 Cent. Ich wähle zwei nette kleine Bananen aus, sie kosten zusammen 26 Cent. Noch schnell ein Blick zum Gemüse. Das junge Kraut kostet 3,49 Euro fürs Kilo. Nein. Jetzt schnell zur Kasse.

Vor der Kasse steht ein Korb. In diesem Korb liegt wühltischartig dieses und jenes durcheinander, das soll zum Mitnehmen reizen. Obenauf liegt ein Paket Knäckebrot, das wegen leichter Beschädigung der Verpackung nur 69 Cent kosten soll. Ja, komm schon her, du darfst auch noch mit.

Dieser Drang, Vorräte anzuhäufen, kommt wohl genau aus dem Mangelgefühl. Wenn genug Geld da ist, braucht man keine Vorräte. Hunger? Geht man ins Restaurant. Keine Lust, außer Haus zu essen? Lässt man sich was bringen. Muss auch keine Pizza sein oder kein Chop Suey. Für ausreichend Geld schafft einem jedes Lokal das Beste herbei, das es zu bieten hat.

Dieses Gefühl, jederzeit alles bekommen zu können, löst sich in Luft auf, wenn man klamm ist. Wenn ich bloß an den Einkauf vor einer Woche auf dem Markt denke... Noch heute, eine Woche später, habe ich nicht alles verarbeitet. Immer noch liegen der Sellerie und das Blaukraut im Kühlschrank. Aber es hat eben ein gutes Gefühl vermittelt, »richtig« einzukaufen und nicht nur schmallippig-entsagungsvoll nach einem kleinem Apfel und einer Kartoffel zu greifen. Die Rote Bete köchelt sanft vor sich hin.

Frühstück: Tee mit Milch 0,20 €, Erdbeeren 0,52 €, Haferflocken, Milch, Zucker 0,18 €, Butterbrot mit Pastrami 0,35 € = **1,35 €**

Mittagessen: Reis mit Fleisch **1,98 €**

Abendessen: Rote-Bete-Suppe mit Sahne. Rote Bete 0,18 €, Brühwürfel 0,11 €, Kartoffel 0,15 €, 1/2 Zwiebel 0,10 €, Sahne, Butter, Gewürze 0,25 € = 0,79 €. Davon die Hälfte: 0,40 €

Reissalat mit Tomaten (0,15 €), Gurke 0,25 € und Frühlingszwie-
beln 0,34 €, Butterbreze 0,40 €, Erdbeeren 0,52 € mit Schlagsah-
ne 0,20 € = **2,20 €**

Wenn ich addiere, was ich jeweils für die Erdbeeren notiert habe, komme ich leider nicht auf den Preis, den ich bezahlt habe. Wie war das nochmal: »Mit Schwund muaßt rechnen.« Ein paar kleine Früchtchen haben sich offenbar in Luft aufgelöst. Die Differenz muss ich also heute mit einrechnen, sonst stimmt die Gesamtrechnung nicht.

5,61€ + Fehlbetrag Erdbeeren 0,38 € ergibt:
Tagesverbrauch: 5,99 €

Das ist jenseits von Gut und Böse. Fleisch und Erdbeeren an einem Tag geht offenbar gar nicht, aber: Ab und zu so ein Lecker-Tag und dann wieder ein ganz sparsamer im Wechsel sind möglicherweise leichter auszuhalten, als stur jeden Tag gleichförmig im Rahmen zu bleiben, ohne sich je einen Ausreißer zu gönnen. Die kleinen Extras machen das Ganze erträglicher.

Denn die Vorstellung »nie wieder Erdbeeren« ist schwerer zu ertragen als eben schon einmal Erdbeeren zu essen und dafür am nächsten Tag statt feinem Obst nur Karotten als Frischfutter zu haben.

Obst / Gemüse: *Erdbeeren, Rote Bete, Gurke, Tomaten,*
Frühlingszwiebeln

28. Tag
Käsekrapfen für die Party

Es ist Freitag, die Entspannung des nahenden Wochenendes schon spürbar. Nachmittags ist Besichtigung eines Atelierhauses, für das wir (die Mitglieder des Bezirksausschusses) uns stark gemacht haben. Nach dem Rundgang gibt es Kaffee und Kekse. Gierig stopfe ich drei mit Schokocreme gefüllte Kekse in den Mund.

Heute Abend auf ein Fest eingeladen. Um das Gratis-Essen auszugleichen – und natürlich, um den Gastgebern eine Freude zu machen, bringe ich meinerseits ein essbares Präsent mit: Käsekrapfen.

Die mache ich ganz frisch, sie sollen ruhig noch warm sein, wenn sie überreicht werden. Für das Rezept bräuchte man eigentlich einen Viertel Liter Milch. Es ist nur noch ein Achtel Liter da. Der wird jetzt einfach mit Wasser verlängert. Um den letzten Tropfen Milch auszunutzen, gieße ich ein bisschen Wasser in die leere Milchtüte, schwenke sie, und siehe da: Was herauskommt, ist immer noch weiß wie Milch.

In einem Topf, genauer: einer Stielkasserolle – Sie müssen den Topf zum Rühren bequem festhalten können – wird die Milch zusammen mit 100 Gramm Butter einmal aufgekocht. Mehl dazuschütten und rühren, bis eine schöne glatte Teigkugel etstanden ist. Nach und nach Eier unterrühren und etwas geriebenen Käse dazu. Kleine Häufchen aufs Backblech setzen – 20 Minuten später ist das köstliche, fluffige Käsegebäck fertig.

Frühstück: *Tee mit Milch 0,25 €, Bananenmüsli 0,40 €, Butterbrot mit 2 Scheiben Pastrami 0,60 € =* **1,25 €**

Mittagessen: *5 Kartoffelpüfferchen 0,55 €, Apfel-Mango-Mus 0,33 € =* **0,88 €**

Abendessen: *Käsekrapfen Mehl 0,18 €, 3 Eier 0,78 €, 50 g geriebener Käse 0,38 €, 1/8 l Milch 0,12 €, 100 g Butter 0,60 € =* **2,06 €**

Tagesverbrauch: 4,19 €

Obst / Gemüse: Selbst besorgt nur die Banane zum Frühstück und das bisschen Apfelmus zu den Kartoffelpuffern. Aber bei der Einladung, zu der ich die Käsekrapfen gebacken habe – auf die sich alle begeistert gestürzt haben! – habe ich mir sehr gezielt Frischzeug auf den Teller gehäuft: eine Riesenportion Gurkensalat, Linsen, Tomaten, Erdbeeren.

Obst / Gemüse: Banane, Gurke, Tomaten, Erdbeeren

29. Tag
Ein unmoralisches Sonderangebot

In den letzten Tagen war es lausig kalt, und das Ende Mai. Dabei sind die Eisheiligen schon längst vorbei. Aber jetzt scheint die Sonne, es ist Samstag, Zeit für einen genüsslichen Einkauf. Vorhin war ich nur kurz Milch holen für den Frühstückstee. Morgen ist Pfingstsonntag, Montag also Feiertag, Geschäfte somit zwei Tage geschlossen. Mal sehen, ob nicht auf dem Markt kurz vor Schluss noch ein Schnäppchen zu machen ist.

Zuerst schaue ich auf dem Elisabethmarkt bei dem netten Stand vorbei, wo ich letztens den Riesenkohlrabi erstanden habe. Es bringt mich in Verlegenheit, aber ich ringe mich doch durch zu fragen, ob es jetzt irgendwelche Sonderangebote gäbe. »Eigentlich nicht«, meint die Verkäuferin, »nur da hinten, da haben wir eine Kiste mit Kochäpfeln zu 99 Cent das Kilo. Äpfel mit leichten Stellen.«

Als ich besagte Kiste in Augenschein nehme, bin ich allerdings entgeistert. Was da liegt, ist nichts anderes als Abfall. Teilweise angeschimmelt und nicht »mit Stellen«, sondern komplett braun und matschig. »Sind eben zum Kochen«, wiederholt die Verkäuferin. Dass ich entgegne, schimmliges Obst sei gesundheitsschädlich und daran ändere auch Kochen nichts, die Äpfel seien nur noch zum Wegwerfen gut, gefällt ihr gar nicht.

Mir wiederum gefällt nicht, dass jemand versucht, verdorbene Ware zu verkaufen, ich finde das schlicht unanständig. Peinlich berührt ziehe ich des Wegs. Stadteinwärts, vor der Pinakothek der Moderne, gibt es einen Samstagsmarkt. Gab es. Als ich ankomme, sind die Stände schon alle abgebaut. Also weiter.

Auf dem Viktualienmarkt ist der Bär los. Einheimische und Touristen drängen sich an den Ständen. Es gibt etliche Bio-Stände. Einen sehr großen, der mir aber nicht so ganz sympathisch ist, weil zu ideologisch ist. Dann einen kleineren, bei dem alles in Demeter-Qualität angeboten wird.

Ich schleiche ein wenig um den Stand herum, mutlos, unschlüssig.

Ich traue mich nicht zu fragen, geniere mich. Schließlich frage ich bloß, bis wann denn geöffnet sei. »So bis halb fünf oder fünf.« Vielleicht ist es leichter, ganz kurz vor Schluss nochmal einen Anlauf zu machen.

Es ist warm, es ist angenehm. Beim Herumschlendern bietet sich ein überwältigendes Schlaraffenland. Überquellende Auslagen mit Kirschen (Kilo zu 12 Euro), Bergen von Aprikosen und Pfirsichen. Wunderbare Mangos, leider 3,50 Euro das Stück, leuchtend rote Erdbeeren, grüner Spargel, weißer Spargel, Spargel mit lila Köpfen. Dicke, pralle Artischocken. Weiter hinten, bei den Fischläden, sind gebratene Meeresfrüchte zu erschnuppern. Ein wahrer Spießrutenlauf durch die appetitlichsten Düfte ist das hier!

Irgendein Stand hat immer gerade wegen Urlaubs geschlossen und kann dann als Sitzgelegenheit herhalten. In der Sonne sitzen, schauen, riechen. Ein Vergnügen, das aber doch einen Stachel hat, wenn man weiß, dass man sich von der ganzen Pracht und Herrlichkeit kaum etwas leisten kann.

Ein dringendes Bedürfnis treibt mich in ein Lokal. Vor den Toiletten wartet bereits eine kleine Schlange. An einem Tisch in der Nähe sitzt ein junges Paar, vor sich eine gewaltige Platte mit Knödeln und Röstkartoffeln, Würsten und knusprig gebratenem Fleisch. Wie sie sich da so durchfuttern, machen die beiden den Eindruck, als würden sie gewissenhaft eine schwere Arbeit erledigen.

Trotz des reichhaltigen Frühstücks zuhause setzen bei all diesen Düften meine Reflexe ein, Appetit baut sich auf, wird immer größer. Am liebsten würde ich mir auch so ein knusprig gebratenes Teil einverleiben. Schauen allein macht leider nicht satt.

Zwei große Obst-Gemüse-Stände werben damit, dass es samstags ab 16 Uhr alles zum halben Preis gäbe. Klingt toll. Haben sie auch Bio-Ware?

Haben sie. Zum Beispiel Zitronen, das Kilo zu 4,90 Euro. Später, bei Basic, werde ich feststellen, dass dort die Bio-Zitronen regulär 1,99 das Kilo kosten – deutlich weniger als die Hälfte! Verrückt: Selbst zum um die Hälfte reduzierten Preis wären hier draußen die Zitro-

nen teurer als im Öko-Laden, wo kein marktschreierisches Rabatt-
getöse die Kunden in die Preis-Falle zu locken versucht. *(Um der
Gerechtigkeit willen sei hier nicht verschwiegen, dass Tage später die Zitronen
auch im Bioladen deutlich teurer waren. Der Preis für die sauren Früchte scheint
sehr volatil zu sein.)* Nur ein paar Schritte sind es zu Münchens größtem Naturkostladen.
Es ist der letzte Einkauf dieses Versuchsmonats. Als erstes landen
zwei Zwiebeln im Wagen, 39 Cent, dann zwei Karotten: 25 Cent.
Obst habe ich nicht mehr zuhause. Falls ich nicht noch ein Last-
Minute-Schnäppchen mache, muss ich darauf verzichten und eben
Gemüse und Salat essen. Immerhin wartet noch ein ganzer Rot-
kohlkopf darauf, endlich zubereitet und verspeist zu werden.

Freudig greife ich nach einer Zitrone, die hier, ohne vorlautes
»Halber-Preis«-Getue, für faire 25 Cent zu haben ist. Ob es an der
Käsetheke wohl etwas zu probieren gibt? Leider nein. Die leeren
Schalen und abgelegten Holzspießchen auf der Theke sagen: vor-
bei, zu spät.

Was könnte es heute zu essen geben? An der Fleischtheke wird
Hackfleisch zu 85 Cent angeboten. 100 Gramm müssen her, für ein
Mini-Ragout. Betont munter bitte ich um 100 Gramm. »500
Gramm?«, fragt die Verkäuferin zurück. »Nein, 100«, korrigiere ich.
»Aber Sie meinen schon das gemischte Hackfleisch«, fragt sie zu-
rück. »Ja ja, bitte.« Ich fühle mich wie auf dem Präsentierteller. An-
scheinend ist es nicht üblich, etwas derart Schlichtes in so geringen
Mengen zu kaufen.

Sie reicht es herüber, wünscht ein schönes Wochenende, das wünsche ich ihr ebenfalls. Bevor ich das Fleisch in den Wagen lege, werfe
ich einen Blick auf den angetackerten Zettel. Ein höherer Preis ist
zugrundegelegt, nicht 85 Cent, sondern 99 Cent für 100 Gramm. Ich
bitte darum, das zu berichtigen. Sie entschuldigt sich. »Hat mir keiner gesagt, dass das im Sonderangebot ist«.

Als ich in der Gemüseabteilung den frischen Spinat sehe, kommt
mir eine Idee. Und tatsächlich, in der Tiefkühltruhe liegt bezahlba-
rer Spinat, das 450-Gramm-Paket für 1,39 Euro. Wieso nicht den

frischen? Eigentlich immer gern, aber dieser hier lässt sich besser portionieren. Ein Teil davon wird zu Spinatnudeln verarbeitet, der Rest – mal sehen.

Aus dem Laden nehme ich das Naturkost-Magazin »Schrot & Korn« mit und setze mich damit auf einen leeren Marktstand, um zu lesen. Ein Artikel beschäftigt sich mit dem Wasserverbrauch, der bei der Produktion von Lebensmitteln anfällt. 140 Liter Wasser »kostet« eine Tasse Kaffee, 200 Liter ein Ei. Für das Kilo Weizen sollen es 1.300 Liter sein, für zwei Pfund Rindfleisch gar 15.500 Liter. Uff.

Inzwischen geht es auf vier Uhr zu. Am Demeter-Stand auf dem Markt herrscht Hochbetrieb. Nein, wenn soviele Leute da sind, mag ich nicht fragen. Ein wenig herumspazieren. Etwas später ist niemand da, vor dem ich mich genieren könnte. Ich frage vorsichtig, ob es denn grundsätzlich gegen Geschäftsschluss Sachen günstiger gäbe? »Nein, das machen wir nicht.« Auch dann nicht, wenn einiges vielleicht nicht bis Dienstag hält? »Naa, dann ess ma's lieber selber.«

Ein wenig belemmert fühle ich mich. Die Scheu, nach einem Sonderangebot zu fragen, war eben doch berechtigt. Der junge Mann vermittelte den Eindruck, als habe er sich durch die Frage angegriffen gefühlt und sei deshalb krätzig. Ist ja verständlich, dass sie bis zuletzt versuchen, einen ordentlichen Preis für ihre Ware zu bekommen. Trotzdem ist es nicht schön, wenn man sich so blamiert vorkommen muss, bloß weil man bei Geschäftsschluss zaghaft nach Rabatt fragt.

Als ich wieder zuhause ankomme, geschieht etwas, das keinesfalls passieren sollte: Kürzlich hatte ein Freund Sahnekaramellen mitgebracht. Die habe ich weggepackt, unter Verschluss gehalten und nicht angerührt. Bis heute. Jetzt falle ich regelrecht über sie her. Danach ist mir erstens ein wenig übel, zweitens fühle ich mich richtig mies, weil ich mein eigenes Verbot übertreten habe. Hätte ich damit nicht zwei Tage warten können?

Aber nun wird gekocht. Beim Blick auf Gurke und Joghurt fällt mir ein Gericht ein, das mir mein persischer Freund Amir früher ab und zu gekocht hat: Hackfleischragout, dazu gebratener Reis mit Gurken-Minze-Joghurt. Es ist alles da, was man dafür braucht. Zwiebel und Knoblauch gehackt, in Öl angedünstet, Fleisch dazu, vier kleine Tomaten und etwas von der Kräutermischung. Salzen, pfeffern, das war es auch schon mit dem Fleisch.

Für den Joghurt ein Viertel Gurke fein gewürfelt – Feinschmecker-Chi-Chi wie Gurke entkernen schenke ich mir – und mit 100 Gramm Joghurt vermischt, salzen. Aus einem Pfefferminzteebeutel nehme ich etwa ein Viertel heraus und streue es über den Joghurt, indem ich die Minze zwischen den Handflächen zerreibe, um das Aroma zu verstärken.

Jetzt der Reis: In reichlich Salzwasser garkochen, in ein feinmaschiges Sieb gießen und mit kaltem Wasser spülen, bis das Wasser klar bleibt. Gut abtropfen lassen. Jetzt kommt der Clou: In einem Topf einen großzügigen Löffel Butter schmelzen, den Reis einfüllen. Mit dem Kochlöffelstiel ein Loch in die Mitte bohren. So entsteht eine Art Kamin, durch den der Dampf entweichen kann. Den Topfdeckel mit einem sauberen Geschirrtuch umwickeln (das bitte nicht nach Waschmittel riechen soll) und aufsetzen. Das Tuch nimmt den aufsteigenden Dampf auf und verhindert, dass er als Kondenswasser wieder herabtropft und den Reis matschig macht. Nach circa 10-15 Minuten hat sich eine wunderbare goldgelbe knusprige Kruste gebildet. Umwerfend lecker.

Auf einem großen Teller richte ich den Reis mit dem Gurkenjoghurt und der Hälfte des Fleischs an. Die andere Hälfte kann morgen als Spaghettisauce dienen. Dazu gibt es Pfefferminztee aus dem Rest des Teebeutels. Kleiner Schönheitsfehler: Leider ist auch mein feinstes Sieb nicht in der Lage, die puderfeine Minze zurückzuhalten.

Frühstück: Tee mit Milch 0,30 €, Müsli mit Orange und Banane 0,75 €, Brot, Butter, 2 Scheiben Pastrami 0,55 €
= **1,60 €**

Mittagessen: Fleisch 0,83 €, 1/2 Zwiebel 0,10 €, 4 Kirschtomaten 0,20 €, 1/2 Karotte, Öl, Gewürze 0,15 €
= 1,28 €, davon die Hälfte: 0,64 €. Dazu: 100 g Joghurt 0,18 €,

1/4 Gurke 0,25 €, 1 Teebeutel Minze 0,06 €, 150 g Reis 0,30 €,
*25 g Butter 0,15 € = 0,99 €. Insgesamt **1,58 €***

Abendessen: *Brühwürfel 0,11 €, Suppennudeln 0,15 €,*
1/2 Karotte 0,06 € = 0,32 €, davon die Hälfte: 0,16 €.
*Brot, Butter, Radieschen 0,35 € = **0,51 €***

Tagesverbrauch: 3,59 €

Vom Preis her super im Rahmen, der Sahne-Bonbon-Exzess reut
mich allerdings schwer.

Obst / Gemüse: *1 Orange, 1 Banane, 1 Karotte, 2 Kirsch-*
tomaten, 1/4 Gurke, etwas Zwiebel

Nicht übel! Gut gegessen (sogar mit Fleisch), Obst-Gemüse-Soll
erfüllt und den Tagessatz sogar deutlich unterschritten.

30. Tag
Kulinarische Sonntagspredigt

Pfingstsonntag. Ich bin keine Kirchgängerin, aber eine Freundin erzählt mir, dass in einer Schwabinger Kirche die »Missa criolla« gegeben wird. Also auf nach Sankt Joseph. Es gibt das volle Programm mit reichlich Weihrauch. Ich erinnere mich wieder, wie ich als Kind – bayrisch-katholisch aufgewachsen – einmal von den Duftschwaden fast ohnmächtig geworden bin.

Der Pfarrer ist sympathisch. Er baut seine Predigt auf, indem er zunächst von naheliegenden Genüssen spricht, namentlich Erdbeeren und Spargel erwähnt und dafür hält, dass diese guten Dinge nicht nur den Leib, sondern auch den Geist erfrischen. Guter Mann.

Nach der Messe gehen wir zu fünft in den Biergarten am Elisabethplatz, um weiterzuwirken an der Erfrischung des Geistes. Ich investiere 3,50 Euro in ein Haferl Kaffee, damit habe ich das Kneipenbudget um 3 Euro überzogen. Thomas spendiert eine Runde Butterbrezen. Dafür lade ich später Andrea zu mir zum Mittagessen ein.

Ich führe ihr das schnelle Pfannen-Fladenbrot mit Knoblauchbutter vor, dazu essen wir die Rote-Bete-Suppe. Eigentlich will ich noch aus dem Hackfleischragout zusammen mit hauchdünnen Selleriescheiben eine Art Auflauf machen, aber wir sind beide satt. Die Nachwirkungen der Butterbreze.

Später zu Besuch bei Freunden. Wir gucken »Keinohrhasen« auf DVD. Gut, dass ich's jetzt gesehen habe und mitreden kann. Gut aber auch, dass ich dafür keinen Eintritt bezahlt habe, hätte mich bei der dürftigen Leistung doch gereut. Ich knabbere von den angebotenen Salzstangen und bin hin und weg von dem Nougat, von dem ich nasche. Gut dass ich vorher Schoko-Plätzchen verschenkt habe. Damit passt die Geben-Nehmen-Bilanz wieder.

Es ist spät, und ich bin nicht mehr wirklich hungrig. Trotzdem geht es jetzt dem Sellerie an den Kragen. Da die Obst-Gemüse-Bilanz heute noch sehr zu wünschen lässt, muss wenigstens noch eine Ka-

rotte sein. Wegen Faulheit wird die einfach pur geknabbert.
Der Sellerie ist nicht mehr der allerschönste, frischeste, aber einmal schälen wirkt wie eine Verjüngungskur. In hauchdünne Scheibchen gehobelt kommt er in eine geölte ofenfeste Form, wird gesalzen und gepfeffert. Darüber wird der Rest Hackfleischragout geschichtet und obenauf geriebener Käse gestreut. Bei 180 Grad ein Viertelstündchen backen, fertig ist ein manierliches Essen.

Frühstück: Tee mit Milch 0,30 €, Brot, Butter, Pastrami, Marmelade 0,65 € = **0,95 €**

2. Frühstück: Kaffee im Café 3,50 € (gehört aber zum Kneipenbudget), Butterbreze 0,00 €

Mittagessen: Fladenbrot mit Knoblauchbutter 0,30 €, Rote-Bete-Suppe 0,40 € = **0,70 €**

Nachmittags: Schokoplätzchen, Pfefferminztee **0,75 €**

Abendessen: Hackfleischragout 0,64 €, Sellerie 0,60 €, Karotte 0,12 €, 30 g geriebener Käse = **1,36 €**

Tagesverbrauch: 3,76 €

Obst / Gemüse: Rote Bete, Sellerie, Karotte

Zu wenig, schon wieder.

31. Tag
Bio-Eis im Biergarten

Pfingstmontag. Ich kann es noch kaum glauben, dass dieser Monat vorbei ist. Jetzt komme ich doch gerade erst so richtig in Schwung. Nach den Anfangsschwierigkeiten gelingt es mir immer öfter, das Budget einzuhalten, die Ausreißer werden seltener. Und es gibt noch so viele Rezepte, die ich ausprobieren und vorstellen möchte. Weil kein Obst da ist, gibt es heute kein Müsli. Außerdem ist es – am 1. Juni, welche Schande! – so lausig kalt, dass ich am liebsten etwas Warmes essen würde. Mein Blick fällt auf den kleinen Topf, in dem noch Nudelsuppe ist. Essen nicht Chinesen gerne Suppe zum Frühstück? Die heiße Suppe, in die ich noch eine Frühlingszwiebel schnipple, tut gut.

Dazu schmeckt ein Butterbrot, das ich mit den letzten Radieschen, in feine Scheiben geschnitten, belege. Den letzten Joghurt verrühre ich mit dem letzten Rest Marmelade. Dazu wie immer Tee (von dem zu meiner Überraschung noch ein kleines bisschen übrig ist) mit Milch. Ein unorthodoxes, aber gutes Frühstück.

Nach dem kühlen Morgen ist es nun doch ein herrlicher Frühsommertag geworden. Die Natur ruft, ich verabrede mich zu einem Spaziergang an der Isar.

Zuvor gibt es als Mittagessen Nudeln mit Spinat und Knoblauchsahne, dazu Gurken-Tomaten-Salat mit Frühlingszwiebeln.

Vormittags habe ich alle Kassenzettel, also die Ausgaben, zusammengezählt und dann die Bestände inspiziert, um den Wert dessen, was noch übrig ist, festzustellen. Dieses Lebensmittel-Guthaben ziehe ich von dem, was ich ausgegeben habe, ab und erhalte so, was ich tatsächlich verbraucht habe. Und, oh Wunder, es geht auf, so gut wie jedenfalls. Ich mache nochmal die Gegenrechnung, indem ich den jeweiligen Tagesverbrauch addiere – und wieder passt es (beinahe). Ich kann es kaum fassen.

In Hochstimmung radle ich nach Thalkirchen, treffe mich dort mit der Freundin. Zu Fuß geht es weiter nach Großhesselohe, in die

»WaWi«, die Waldwirtschaft. Aus Freude über die aufgegangene Rechnung geht es in den Biergarten. Marita lädt mich auf ein Bier ein. Beim Verlassen des Biergartens kommen wir an einem Stand vorbei, der »Hausgemachtes Bio-Gourmet-Eis« anpreist. Ich kaufe für uns beide je eine Waffel mit Mango-Lassi-Eis und bezahle 2,40 Euro. Schmeckt genial.

Auf dem Rückweg pflücke ich Holunderblütendolden, um Holunderpfannküchlein und Holunderblütenlimonade zu machen.

Pfannkuchenteig aus 2 Eiern, 50 Gramm Mehl und 60 ml Milch und 1 EL Zucker und etwas abgeriebener Zitronenschale. Der Versuch, die Blüten zu backen, bringt kein überzeugendes Ergebnis. Also mache ich aus dem Teigrest einen Pfannkuchen und esse dazu den Rest vom Apfel-Mango-Mus.

Frühstück: Tee mit Milch 0,30 €, Nudelsuppe 0,16 €, Butterbrot mit Radieschen, Joghurt mit Marmelade 0,35 € = **0,81 €**

Mittagessen: Spinatnudeln aus Spinat 0,46 €, Nudeln 0,20 €, Sahne 0,20 €, Butter, Knoblauch, Salz, Pfeffer 0,10 € = 0,96 €. Salat aus 1/4 Gurke 0,25 €, 3 Tomaten 0,15 €, 1 Frühlingszwiebel 0,17 €, die letzten Tropfen Öl 0,05 € = 0,62 €. Zusammen: **1,58 €**

Abendessen: Pfannkuchen aus 2 Eiern 0,52 €, 50 g Mehl 0,06 €, 60 ml Milch 0,06 €, restliches Apfel-Mango-Mus 0,41 €, Butter, Zucker 0,10 € = **1,45 €**

Nachmittags: Eis = **2,40 €**

Tagesverbrauch: 6,24 €

Obst / Gemüse: Radieschen, Spinat, Gurke, Tomaten, Frühlingszwiebel

Immerhin. Konserven wie das Apfel-Mango-Mus zählen vermutlich nicht. Oder doch?

Alles paletti also, nur die 2,40 Euro für das Eis, das ich uns spendiert habe, sprengen den Etat. Aber, verdammt, es war Feiertag, wir haben einen Ausflug gemacht, DA MUSS SO ETWAS DOCH DRIN SEIN!

32. Tag
Das Leben geht weiter

Wie jetzt, der Monat ist doch rum, oder nicht? Schon, aber das Leben geht weiter. Und ich möchte nicht mehr genauso weitermachen wie davor. Schließlich habe ich in dem Monat viel gelernt – das sollte ich dann in Zukunft auch beherzigen.

Obwohl heute der Griff ins Teeregal, zu Earl Grey oder Assam Golden Tippy Flowery Orange Pekoe, wieder erlaubt wäre, brühe ich wie in den vergangenen Wochen – Macht der Gewohnheit – die mir inzwischen liebgewordene Indische Mischung auf.

Zu Brot und Butter gibt es aber heute endlich den höhlengereiften Allgäuer Bergkäse, den ich vor zwei Wochen bekommen, aber nicht angerührt habe. Er hat ein wenig gelitten in seiner Kühlschrank-Gefangenschaft, ein Anflug von Schimmel hat sich darauf niedergelassen. Angeblich ist aber Hartkäse so ziemlich das einzige Lebensmittel, bei dem es reicht, Schimmel großzügig wegzuschneiden, um den Käse dann ohne Gefahr für Leib und Leben zu genießen.

Das jedenfalls wurde – es mag vor zwei Jahren gewesen sein – bei einem Käse-Seminar erzählt, das kein Geringerer als der Chef des Tölzer Kasladen für Gastro-Journalisten veranstaltet hat. Der gilt in Süddeutschland und weit darüber hinaus als Autorität in Sachen Käse. Er versicherte, jeder Käsehändler würde es ebenso machen. Die einzige Möglichkeit, Käse am Schimmeln zu hindern, sei, ihn vertrocknen zu lassen, keine gute Alternative. Der Käseschimmel könne entfernt werden und der Käse dann bedenkenlos gegessen werden.

Das wollen wir jetzt mal einfach so glauben. Also mit dem Messer sorgfältig alles Weiße entfernt und dann ein paar großzügige Scheiben aufs Brot gelegt. Ausgezeichneter Käse, vielen Dank!

Das Sonnenblumenöl ist bis auf den letzten Tropfen aufgebraucht – jetzt weiß ich, dass ich mit einem halben Liter Öl im Monat auskommen kann. Deshalb stellt sich gar nicht die Frage, was auf die kleingeschnittenen Tomaten und die Frühlingszwiebelringe kommt: dickflüssiges grünes Olivenöl. Ja doch, sehr fein. Später werde ich die Holunder-Limonade trinken. Aus der Karaffe duftet es betörend. Ein echter Tipp für knappe Kassen, denn ein Löffelchen Zucker und ein bisschen Zitronensaft reichen bereits, um eineinhalb Liter Holunderblütenwasser aufzupeppen. Ein Hochgenuss. Kartoffeln sind noch da, zwei Eier und der restliche Spinat. Damit steht das Mittagessen fest.

Die Verbesserungen, die ich mir im Vergleich zum letzten Monat wünsche, sind nicht dramatisch. Ich träume nicht von Trüffeln, Hummer und Kaviar. Höchstens davon, Erdbeeren nicht akribisch in mehrere kleine Tagesrationen einteilen zu müssen. Honig und Nüsse ins Müsli zu tun. Als Nachmittagsgetränk Früchtetee mit Apfelsaft zu trinken.

Als ich heute in meinen Stamm-Naturkostladen gehe, bin ich allerdings zu spät dran: Erdbeeren sind ausverkauft. Ein bisschen schade zwar, aber auch nicht soo schlimm. Heute abend werde ich sowieso noch verwöhnt, weil ich bei Freunden eingeladen bin.

Ein paar Sachen brauche ich aber. Joghurt zum Beispiel. Lange stehe ich vor dem Kühlregal und hadere mit mir. In den letzten Wochen habe ich mich an den Joghurt im Plastikbecher gewöhnt, der 89 Cent für den halben Liter kostet. Daneben steht das Pfandglas, Andechser Joghurt in Demeter-Qualität, das aber 40 Cent mehr kostet.

Da inzwischen keineswegs der Reichtum bei mir ausgebrochen ist und ich immer noch keinen neuen Job habe, landet der preisgünstigere Becher im Wagen. Um ein Mitbringsel für heute Abend zu haben, kommen ein Päckchen Frischkäse und eine Tafel »Feine Bitter Orange« dazu, daraus mache ich die schnellen Schokoplätzchen. Eine Banane, eine Zitrone und ein Brot – Hirsebrot, das Pfund zu 2,80 Euro, das ist ein Luxus, den ich mir heute gönne – vervollständigen die Auswahl. 7,87 Euro bezahle ich für alles.

Die Schokoplätzchen sind im Handumdrehen fertig. Wein und Plätzchen eingepackt und ab in die S-Bahn nach Erding. So eine Fahrt könnte man sich von Hartz IV nur selten leisten. Wenn man korrekt jeweils sechs Streifen für die Hin- und Rückfahrt stempelt, sind das 13,20 Euro. Leider mache ich das so. Die intelligentere Variante wäre gewesen – das fällt mir zu spät ein – eine Single-Tageskarte für das gesamte Streckennetz zu nehmen, die kostet »nur« 10 Euro.

Heidi und Michael haben bereits niedliche Appetithappen aus Zucchini, Erdbeeren und dickem, süßem Balsamico auf den Tisch gestellt. Brot ist knapp. Das ist der Moment, das Kunststück mit dem schnellen Fladenbrot aus der Pfanne vorzuführen. Es verfehlt seinen Eindruck nicht. Dann gibt es köstliche dünne Nudeln mit einer dicken Tomaten-Gemüse-Sauce und hinterher ein traumhaftes Tiramisù, das mit selbstgemachtem Limoncello getränkt ist. Und die Schoko-Plätzchen. Welch herrliche Völlerei. Als die letzte S-Bahn mit mir heimwärts zuckelt, habe ich leichtes Bauchdrücken.

33. Tag
Haberfeldtreiben

Heute gehe ich rechtzeitig einkaufen. Eine Flasche Apfelsaft gehört zu den lang entbehrten Genüssen. Eine Orange muss mit, denn nachher soll endlich der Rotkohl zu Salat verarbeitet werden. Und: Endlich gibt es wieder Erdbeeren.

Ins Müsli kommen also kleingeschnittene Erdbeeren, eine zerkleinerte getrocknete Feige, eine gehackte Walnuss und ein Löffelchen des von mir bevorzugten delikaten Edelkastanien-Honigs. Dazu, wie immer, Haferflocken und Joghurt. Sehr gut. Dazu ein Brot mit Butter und, dick geschnitten, Allgäuer Bergkäse.

Fehlt nicht trotzdem etwas? In der Tat. In den vergangenen Wochen habe ich mehr als sonst daran gedacht, ausreichend Obst und Gemüse zu essen, auch wenn es mir nicht immer geglückt ist. Eine Handvoll winziger Tomaten ist noch da, die gibt es jetzt mit Frühlingszwiebelringen, Zitronensaft und Olivenöl.

Bin ich hinterher zufriedener als in den Tagen zuvor? Nicht unbedingt. Fast bin ich zu satt, die dicken Käsescheiben und die Extra-Zutaten fürs Müsli bringen kräftig zusätzliche Kalorien mit, die Balance stimmt nicht mehr. Und das Gefühl, jeden Bissen zu genießen, ist nicht mehr so ausgeprägt. Sonderbar.

In Hauptbahnhof-Nähe hat vor wenigen Monaten ein neues Geschäftszentrum eröffnet, eine Trutzburg in diversen Brauntönen. Die Abendzeitung ist dort untergebracht, im Erdgeschoss befinden sich großflächig Supermärkte, von Aldi über Rossman und Rewe bis hin zu Vierlinden, eine mir bisher nicht bekannte Naturkost-Kette. Muss sofort getestet werden.

Die Wagen sind riesig und nicht ganz leicht zu steuern. Die Auswahl ist ebenfalls groß, etliches davon entstammt dem Rewe-Bio-Sortiment.

Als Sonderangebot sind Gurken ausgeschrieben, zu 79 Cent: stattliche Trümmer, von denen gleich eins im Wagen landet.

Außerdem Blattsalate, ebenfalls 79 Cent. Das wird mein erster Kopfsalat seit einer kleinen Ewigkeit. Zwei zierliche Karotten dürfen mit (27 Cent) sowie eine Chilischote (8 Cent). Mangos sind für 99 Cent im Angebot, aber den steinharten Dingern traue ich nicht über den Weg. Lieber angle ich mir noch eine putzige kleine Kiwi (25 Cent), die auf leichten Druck geschmeidig nachgibt. Nur 2,04 Euro für soviel Grünzeug – höchst erfreulich.

Später schaue ich noch bei VollCorner in der Augustenstraße vorbei, nur so, um ihm meine Reverenz zu erweisen. Schließlich ist diese Urmünchner Kette von der Anzahl der Filialen her Nummer Eins in der Stadt. Bloß in Schwabing ist halt keine Dependance, deshalb komme ich selten hin. Einmal durchschauen, irgendwas findet sich immer. Genau, Mini-Tomaten, eine Rispe, an der zehn Stück hängen, für sage und schreibe 0,54 Euro. Das wird ein Salat!

Als Abendessen werden drei Pellkartoffeln gekocht, wird ein Ei in die Pfanne gehauen und vor allem: wird ein Berg Salat gemacht. Die Hälfte des dicken Kopfsalats, 3 Tomätchen, ein Viertel der Salatgurke und eine geraspelte Karotte machen sich gut in der großen Schüssel. Das Ganze schön angemacht mit einer Vinaigrette aus wenig Apfelessig, einem Löffelchen Senf, Salz, Pfeffer, einer winzigen Prise Zucker und einem großzügigen Schuss Olivenöl. Ein Gedicht.

Wenn ich mir das so anschaue, fällt mir auf, dass der Salat gar nicht so teuer ist. Offenbar ist jetzt, im Juni, für vieles Saison, was im Mai noch schwerer zu kriegen, also kostbarer und damit teurer war. Ich lasse mir Salat und Pellkartoffeln und Spiegelei schmecken und bin hochzufrieden damit. Und läge wohl auch heute budgetmäßig gut im Rahmen.

Später treibt es mich noch hinaus, ich radle durch den Englischen Garten, Richtung Hofgarten. Inzwischen mischt sich in den Hollerduft das zarte Aroma der blühenden Linden. Auf dem Odeonsplatz kommen heute Bauern zum »Haberfeldtreiben« zusammen. In alten Zeiten war das in Bayern eine Art organisierter Selbstjustiz. Heute ist es ein Protestspektakel, zu dem die Arbeitsgemeinschaft bäuerliche Landwirtschaft, eine Art alternativer Bauernverband, aufgerufen hat.

Mit Hüten und Umhängen und geschwärzten Gesichtern, Fackeln in der Hand und allerhand Instrumenten, mit denen sie einen Höllenlärm machen, ziehen sie als wilde Gestalten vor die Staatskanzlei, den Sitz der bayerischen Staatregierung, um ihren Unmut kundzutun. Unmut über zu niedrige Milchpreise. Über Impfzwang für Kühe. Über Exportzuschüsse, Tiertransporte und Gentechnologie. Sie rufen »Schönen Gruß, Frau Merkel, kein Patent auf Ferkel!« und schimpfen auf »Gen-Horst«.

Nicht alle, aber doch viele von ihnen sind Bio-Bauern. Ich komme mit einem von ihnen ins Gespräch. Ich möchte wissen, was ein Liter Bio-Milch kosten muss, damit die Erzeugung für die Bauern noch sinnvoll ist. »So um einen Euro herum« sollte die Milch im Laden kosten, die absolute Untergrenze »liegt bei 90 Cent«.

Er selbst, erzählt er, war etliche Jahre bei Bioland organisiert und ist jetzt umgestiegen auf Demeter. Worin denn der genaue Unterschied liege zwischen den einzelnen Bio-Siegeln, frage ich ihn. Das EU-Siegel, sagt er, lässt etliche Schlupflöcher offen. Den Tieren darf beispielsweise ein Anteil von zehn Prozent Nicht-Bio-Futter zu fressen gegeben werden. Es darf Futter aus südamerikanischem – auf ehemaliger Regenwald-Fläche angebautem – Soja zugekauft werden. Bioland sei deutlich strenger, am konsequentesten aber Demeter.

Schließlich tun mir die Ohren weh von all dem Lärm, vor allem die großen hölzernen Ratschen sind ein echter Angriff aufs Trommelfell. Ich radle heim und denke: »Wieder was gelernt.«

34. Tag
Preissenkungs-Tsunami

Es ist Juni, aber der Sommer lässt auf sich warten. Kein Bade-wetter, für Spaziergänge muss man sich ordentlich anziehen. Selbst für kurze Wege braucht man eine dicke Jacke. Milch ist fast alle. Da ich vor dem Frühstück keinen weiten Weg zurücklegen möchte, hole ich mir meine Bio-Milch bei Penny um die Ecke. Wenngleich mit etwas mulmigem Gefühl nach dem gestrigen Abend mit der Bauern-Demo und dem Gespräch mit dem Landwirt aus dem Kreis Mühldorf.

Wie eine Illustration zum gestern Gehörten wirken die neuesten Reklame-Plakate, auf denen in Riesenlettern förmlich geschrien wird: »Neue Preissenkungswellen. Dauerhaft«. Und dann werden die einzelnen Produkte (allerdings nicht Bio) aufgelistet: Das Pfund Magerquark ist um 18 Prozent billiger geworden und kostet nur noch 45 Cent, Schlagsahne mit 12 Prozent Abschlag nur noch 29 Cent, Crème fraîche ist für 35 Cent zu haben, das sind 10 Prozent Rabatt. Arme Bauern.

Heute, zwei Wochen nach Kauf, verarbeite ich endlich das Blau-kraut. Die äußeren Blätter müssen ab, die sind bereits vertrocknet. War kein genialer Akt, so viel Gemüse auf Vorrat zu kaufen. Das werde ich in Zukunft zu vermeiden suchen. Das kleine Kohlköpf-chen, das übrigbleibt, schneide ich in feine Streifen, mische es mit 200 Gramm Schafkäse, einer kleingeschnittenen Orange, Frühlings-zwiebelringen und einigen Walnüssen. Olivenöl und Pfeffer drüber, fertig. Der Salat darf später mit in den Biergarten.

35. Tag
Überflüssige Erdnüsse

Ich stelle fest, dass ich Sachen esse, die nicht nötig sind und letztlich auch nicht guttun. Musste zu Rossmann, um Creme nachzukaufen und habe geguckt, was mich bei den Bio-Lebensmitteln reizen könnte. Leider bin ich fündig geworden und habe mich von einer Packung gesalzener Erdnüsse zu 99 Cent verlocken lassen. So etwas habe ich mir in den vergangenen Wochen verkniffen, weil es nicht wirklich Bestandteil einer vernünftigen Ernährung ist. Ist es übrigens immer noch nicht. Ich futtere sie zusätzlich zu vernünftigem Salat und Käsebrot. Überflüssig wie Pickel. Dafür gehe ich später zur Gymnastik im Park.

36. Tag
Kleine Seitensprünge

Heute bin ich fremdgegangen, was das Bio-Essen betrifft. In der Augustenstraße ist ein indischer Laden, vor dem in einer Stellage exotische Lebensmittel aufgebaut sind. Winzige Auberginen, kaum größer als Taubeneier, wecken mein Interesse und erinnern mit ihrer Form daran, dass das gute alte, fast vergessene deutsche Wort für Auberginen »Eierfrüchte« lautet. Eine Handvoll muss mit. Sind nicht bio.

Aber: Dass sie nicht aussehen wie die genormte Durchschnitts-Aubergine, spricht trotzdem für sie. Es bedeutet nämlich, dass es sich nicht um Hybridfrüchte handelt. Was das ist? Die handelsübliche Eierfrucht ist steril. Sie hat zwar kleine Kerne, die aussehen wie Samenkerne, aus ihnen können aber keine neuen Pflanzen entstehen. Der Landwirt, der solche modernen, stromlinienförmigen Auberginen anbaut, muss das Saatgut jedes Jahr neu kaufen. Für arme Bauern in armen Ländern, die so in Abhängigkeit von den Saatgutlieferanten gelangen, eine Katatrophe. Deshalb ist mir die kleine, nichthybride Frucht so sympathisch.

In einem anderen Geschäft entdecke ich Weinbergpfirsiche. Unmöglich, da zu widerstehen, bio hin oder her. Und dann sind dort auch noch kleine Gebinde mit zierlichen Spargelstangen, die als »Butterspargel« ausgeschrieben und noch nicht mal teuer sind. Also, ich finde, nach all den Wochen, in denen ich Spargel immer nur von weitem zu sehen bekam, habe ich mir ein Portiönchen davon verdient.

Abends Kino, Slumdog Millionaire. Und Popcorn dazu. Auch nicht bio.

Wochen später
Sommer in der Stadt

Inzwischen duften die Bäume nicht mehr, auch die Linden sind längst verblüht. Statt dessen sind die stachligen grünen Kugeln an den Kastanienbäumen zu beunruhigender Größe herangewachsen: Der Herbst ist nicht mehr weit.

Ich bringe meiner Chorfreundin Gudrun nachträglich zum Geburtstag eine Quiche vorbei – alle Zutaten bio, Ehrensache. Sie bietet mir Tee aus frischer Pfefferminze an. Der schmeckt so gut, dass ich unbedingt in die Stadt radeln muss, um in einem der türkischen Läden nahe dem Hauptbahnhof ein Bund Minze zu holen. Nein, die ist leider nicht bio; aber ich habe es zuvor im Biomarkt versucht, dort gab es gerade keine Minze.

Auf dem Weg komme ich an einem »1-Euro-Shop« vorbei, wo, wie der Name schon sagt, alles einen Euro kostet. Aus reiner Neugierde, sozusagen aus streng wissenschaftlich-soziologischem Interesse, will ich mir den Laden von innen ansehen und betrete ihn mit der sehr festen Absicht, keinesfalls etwas zu kaufen. Also nein, wirklich nicht.

Ein Viertelstündchen später verstaue ich im Fahrradkorb eine Isomatte, ein Thermometer für den Balkon, eine Rolle Backpapier und zwei CDs (Schuberts Achte sowie Gedichte von Ringelnatz). Die Minze im Anadolu Süpermarket kostet ebenfalls einen Euro. Etwas verwirrt über meinen seltsamen Beutezug trete ich den Heimweg an.

Ich wähle den Weg durch den Hofgarten. Dort musiziert, unter den Arkaden, ein kleines Orchester samt Flügel und Kontrabass. Sie spielen Melodien aus Opern, den Kanon von Pachelbel und andere klassische Ohrwürmer; auf dem Rasen sitzend hören einige Dutzend Leute zu. Und ich? Breite hochzufrieden meine frisch erworbene Ein-Euro-Isomatte auf der Wiese aus, lasse mich darauf nieder und genieße den Sommer in der Stadt.

Fazit

Nun, ich habe es geschafft. Na ja, nicht ganz. Aber doch so gut wie. In 30 Tagen habe ich 135,74 Euro für Lebensmittel ausgegeben, im Tagesdurchschnitt 4,52 Euro. Das sind pro Tag 17 Cent mehr als die angestrebten 4,35 Euro. Und auf den Monat gerechnet 3,03 Euro mehr als die 132,71 Euro, die laut Tabelle im Frühjahr 2009 ein Ein-Personen-Hartz-IV-Haushalt für Lebensmittel zur Verfügung hatte.

Wenn man's ganz genau nimmt, ist auch der Zeitraum nicht hundertprozentig genau getroffen. Denn im Durchschnitt hat ein Monat nicht 30, sondern 30,4 Tage, in einem Schaltjahr sogar 30,5. Wenn ich jetzt den Durchschnitt errechne (3 Jahre à 365 Tage plus eins mit 366), komme ich auf einen Monatsschnitt von 30,44 Tagen. Diese 0,44 Tage bin ich also schuldig geblieben.

Als mildernden Umstand kann ich anführen, dass wenige Wochen nach meinem Versuchsmonat, der Hartz-IV-Satz um 8 Euro angehoben wurde. Wenn ich davon ein gutes Drittel dem Bereich Lebensmittel zuschlage, lande ich fast punktgenau im Ziel. Um die minimale Abweichung festzustellen, bedürfte es höherer Mathematik!

Was ich nicht ganz perfekt hinbekommen habe, war, das von Experten empfohlene Obst-Gemüse-Soll – 5 Einheiten pro Tag – immer vollständig zu erfüllen. Das ist wirklich das Mühsamste an der ganzen Sache. Ich kam dem Ziel aber doch recht nahe, an vielen Tagen habe ich es auch erreicht.

Des weiteren, ich gestehe es, hat mir hin und wieder ganz schön der Magen geknurrt. Leicht ist es also nicht. Ich habe mir einen Haufen Arbeit gemacht und mehr als sonst alles selbst zubereitet, obwohl ich schon von Haus aus gerne und häufig koche. Vor allem aber musste ich mich daran gewöhnen, unentwegt zu planen. Spontaneität beim Einkauf ist nicht.

Und: Es gehört viel Umdenken dazu. Wer etwa gewöhnt ist, häufig Fleisch auf dem Teller zu haben, muss sich komplett umorientieren. Tröstlich und hilfreich mag dabei der Gedanke sein, dass ein Weniger an Fleisch ein Mehr an Gesundheit bedeutet und außerdem hilft, die Umwelt zu schonen.

Was habe ich am am meisten vermisst? Ganz bestimmt nicht irgendwelchen Klischee-Luxus wie Hummer oder Kaviar. Das gehört auch sonst nicht zu meinem Speiseplan. (Na schön, wenn man mir einen wohlgeratenen Hummer vorsetzt, lasse ich mich nicht lange bitten.) Gewiss, es hat mich mich schon mal nach Spargel gelüstet, aber das hielt sich sehr in Grenzen. Selbst die Abwesenheit von Olivenöl hat mich weit weniger geschmerzt, als ich befürchtet habe. Auch ohne das kostbare Öl hat alles, was ich gegessen habe, bestens geschmeckt.

Was ich aber wirklich schlimm finde, ist, dass so etwas Schlichtes wie ein gemischter Salat kaum drin ist. Ganz gleich, ob Bio oder nicht, dafür reicht es einfach nicht. Ich habe es einige Male versucht, es hat immer den Etat gesprengt. Nur im Spätsommer, wenn von allem so reichlich auf dem Markt ist, dass die Preise entsprechend runtergehen, kann man auch bei einem Budget von 4,50 Euro am Tag mal nett Salat essen.

Feine Niedlichkeiten wie Oliven, Kapern oder getrocknete Tomaten sind völlig außer Reichweite. Nüsse reißen ein tiefes Loch ins Budget, was besonders schade ist, weil sie wertvolle Nahrung sind.

Dennoch: In diesen Wochen habe ich mich sehr wohl und fit gefühlt und habe – auch wenn ich mir manches, wonach mich gelüstete, verkneifen musste – mich bestens ernährt gefühlt. Vielleicht sogar besser als sonst: Weil ich bewusster gegessen habe, nie achtlos nebenher gefuttert, sondern jede Mahlzeit zelebriert habe.

Sollte es passieren, dass ich wirklich nur den Hartz-IV-Satz zur Verfügung hätte, würde ich ganz genau so weiter machen wie in dem protokollierten Monat. Würde mich duchlavieren, ab und zu mal den Etat für winzigen Luxus überziehen – und dafür am nächsten Tag darben. Ich hätte meine liebe Not damit, jeden Tag das Obst-Gemüse-Soll zu erfüllen – und doch würde mit steigender Übung auch das immer besser klappen.

Ist ganz wenig Geld da, aber doch ein bisschen mehr als der Hartz-IV-Satz, würde ich auf jeden Fall nochmal dreißig Euro drauflegen, die ganz gezielt für Obst, Gemüse und Salat reserviert wären. Dann wäre die Ernährung fast perfekt.

Gutes Essen für alle!

Kann man die Erfahrungen aus diesem Versuch verallgemeinern?
Soviel ist klar: Das Geld ist äußerst knapp bemessen, und man muss wirklich hochmotiviert sein, um es zu schaffen. Kochkenntnisse sind nicht nur hilfreich, sondern unabdingbar. Andererseits ist für Kochen keine spezielle Begabung nötig wie für Ballettanzen oder Musizieren. Und: Selbst wer Bio nicht für notwendig oder wenigstens sinnvoll hält, sollte Interesse am Selberkochen haben. Denn auch aus konventionellen Zutaten frisch zubereitete Speisen sind allemal besser als mit vielerlei Hilfs- und Zusatzstoffen sowie künstlichen Aromen zusammengekleisterte Fertigprodukte.

Ganz konkret zum Hartz-IV-Beispiel: Da letztlich die Gesellschaft als Ganzes davon profitiert, wenn sich der Einzelne gesund und ökologisch ernährt, sollte sie auch jedem finanziell die Möglichkeit dazu geben. Das heißt, der Etat für Lebensmittel muss aufgestockt werden, um 30 Euro mindestens. Da aber viele an den Lebensmitteln sparen, um andere Defizite auszugleichen, müsste auch bei anderen Posten nachgebessert werden. Mal sehen, ob das Bundesverfassungsgericht etwas in die Richtung bewegen kann.

Dass es mit Hartz IV zwar nicht unmöglich, aber doch äußerst schwierig ist, sich konsequent ökologisch zu ernähren, ist eine Sache. Klar bewiesen ist aber durch meinen Versuch, dass jeder, der mehr zur Verfügung hat als das nackte Existenzminimum – und das sind immer noch die meisten –, problemlos auf Naturkost umsteigen kann, wenn er/sie nur will.

Man muss ja für den Anfang vielleicht nicht ganz so konsequent sein, wie ich es sein musste, damit der Versuch eine Aussage erlaubt. Viel ist schon geholfen, wenn man sich Fleisch, Eier und Milchprodukte aus Massentierhaltung verkneift (und auch im Restaurant immer wieder nachfragt, wo Eier und Fleisch herkommen, damit die Wirte merken, dass es dem Gast nicht gleichgültig ist, was er isst). Fangen Sie einfach an – Sie tun sich selbst und dem Rest der Welt etwas Gutes damit!

Die Rezepte

Hier finden Sie alle Gerichte, die ich in dem beschriebenen Monat zubereitet habe, in chronologischer Reihenfolge.

Wer kochen kann, möge verzeihen, dass Schlichtheiten wie Müsli, Rührei oder Gurkensalat aufgeführt sind. Aber es gibt eben genügend Leute, die in der Zubereitung von Speisen wenig erfahren sind.

Umgekehrt mögen die Kochneulinge bitte Verständnis dafür haben, dass sich unter den Rezepten auch etwas anspruchsvollere Anleitungen finden.

Bei allen Rezepten ist angegeben, was ich jeweils für die Zutaten bezahlt habe. Dass die Preise – abhängig von Jahreszeit, Laden, Region, Preiserhöhungen oder -senkungen – variieren können, versteht sich von selbst.

Abkürzungen

TL = *Teelöffel*
EL = *Esslöffel*
Msp = *Messerspitze*
g = *Gramm*
ml = *Milliliter*

Das »V« vor dem Rezepttitel bedeutet, dass es sich um ein vegetarisches Rezept handelt. Da Biofleisch nicht eben billig ist, steht das V vor den meisten Rezepten.

V Rührei

Rührei kann doch jeder. Nichts leichter als das, oder?
Na ja, wenn man schon so manches trockene, fade Rührei probiert hat, erscheint einem das nicht mehr so sicher. Saftig-cremig soll das Rührei sein, und das geht so:

1 Portion

2 Eier
1 Prise Salz
1 TL Butter
Pfeffer
wenn vorhanden: 1 TL gehackte Kräuter, z.B. Schnittlauch oder Kerbel
Utensilien:
eine kleine beschichtete Pfanne
Gesamtkosten etwa 0,60 €

Die Eier in einer kleinen Schüssel mit dem Salz verquirlen.

(Manche rühren noch 1-2 Esslöffel Milch oder Sahne dazu oder 1 Esslöffel Sprudelwasser, um das Ei zu lockern. Ist sicher nicht schlecht, aber auch nicht unbedingt nötig.)

Die Butter in der Pfanne zerlassen. Das Ei einfüllen. Und jetzt heißt es, unentwegt rühren oder besser schieben. Man rührt nämlich nicht kreuz und quer oder im Kreis herum! Dadurch bekäme man eine unschöne trockene Eiermasse. Bei milder Hitze vielmehr immer nur das Ei vom Rand her zur Mitte schieben. Das Ergebnis: Nur außen ist das Ei leicht angebacken, in der Mitte türmt sich ein saftig-schmelziger Haufen.

Ein bisschen Pfeffer darübermahlen, evtl. eine winzige Menge Kräuter darüberstreuen – eine Delikatesse!

V Gurken-Salat mit Joghurt-Dressing

Blitzschnell gemacht, lecker und vitaminreich. Für eine Person reicht ein Viertel einer Salatgurke (»Schlangengurke«). Die schälen Sie natürlich nicht nicht – sie ist ja bio und, zumindest im Sommer und Herbst, aus dem Freiland. Nur waschen und kräftig trockenrubbeln.

1 Portion

1/4 Salatgurke
2-3 EL Joghurt
Salz, Pfeffer
evtl. 1 Knoblauchzehe
Gesamtkosten etwa 0,50 €

Gurke der Länge nach vierteln, dann quer in feine Stückchen schneiden, mit 2-3 Esslöffeln Joghurt, Salz und Pfeffer anmachen, fertig.

Sollte eine Frühlingszwiebel verfügbar sein oder auch eine Tomate oder ein, zwei Champignons, wunderbar. Wer mag und keine soziale Ausgrenzung damit riskiert, quetscht noch eine Knoblauchzehe dazu. Wer Petersilie, Schnittlauch, Basilikum oder Minze griffbereit hat, fügt davon etwas hinzu.

V Schnittlauchquark

Schneller geht's kaum. Schnittlauchquark ist super zu Pellkartoffeln, schmeckt aber ebenso gut auch als Brotaufstrich und als Dip für rohes oder gekochtes Gemüse.

Wenn Sie Gäste haben: Stellen Sie Schnittlauchquark auf den Tisch und Gläser mit in dünne Stangen geschnittenen Karotten, Staudensellerie und Paprikastreifen.

Magerquark ist vom Preis her deutlich günstiger als der zwanzig- oder vierzigprozentige, sodass es sich lohnt, Magerquark mit etwas Joghurt und Sahne aufzupeppen.

1 Portion

1/2 Bund Schnittlauch
125 g Magerquark
2 EL Joghurt
1 EL Crème fraîche
1 Prise Salz

Gesamtkosten etwa 1,25 €

Schnittlauch in feine Röllchen schneiden und mit den übrigen Zutaten verrühren.

V Müsli / Müesli

Obst, Haferflocken und Milch oder Joghurt sind die Basis. Schmeckt immer und ist ein prima Start in den Tag: Eiweiß, Kohlehydrate, Ballaststoffe und jede Menge Vitamine – besser geht es nicht. Sollte es Ihnen trotz knapper Kasse möglich sein, Honig, Nüsse und Rosinen herbeizuschaffen, immer rein damit. Alles gesund und lecker.

Jetzt die Frage, welches Obst: Ideal sind zwei Stück Obst, die sich ergänzen: zum Beispiel eine Banane, die Süße mitbringt und einen Apfel oder eine Orange, die erfrischende Säure beisteuern. Sehr reife Bananen gibt es in Naturkostläden immer wieder zu ermäßigtem, häufig zum halben Preis. Fürs Müsli sind sie perfekt.

Immer wieder ist zu lesen, dass rohe Kiwis und Ananas sich nicht mit Joghurt oder Quark vertragen, weil sie Milchprodukte bitter machen. Mag sein, wenn man die Speisen stundenlang stehenlässt. Bei mir hatte noch kein Müsli Gelegenheit, durch Kiwi bitter zu werden. Ich habe es wohl immer rechtzeitig aufgefuttert.

Zu Milch beziehungsweise Joghurt: Vollmilch(-Joghurt) ist erste Wahl. Warum ein fettarmes, das heißt kalorienreduziertes Produkt nehmen, wenn kaum genug Geld da ist, um sich ausreichend zu ernähren. Die Kalorien, die weggenommen wurden, müssen Sie anderweitig wieder beschaffen, das heißt bezahlen. Man soll nicht soviel tierisches Fett zu sich nehmen? Richtig! Sparen Sie aber lieber an Wurst und Käse.

Die Haferflocken sollten kernig sei, Sie wollen ja etwas zu beißen haben. Fertige Müslimischungen sind immer vergleichsweise teuer, da heißt es genau hinschauen. Sehr einfache Mischungen, bei denen bloß ein paar Körnersorten kombiniert und mit ein paar Sonnenblumenkernen und Leinsamen angereichert sind, sind unter Umständen aber kaum teurer als die nackten Haferflocken. Dann sind Sie mit der Mischung gut bedient. Sonst gilt: Selber mischen ist günstiger.

Ursprünglich stammt das Müesli übrigens aus der Schweiz, wo der

Arzt Maximilian Bircher-Benner es vor mehr als hundert Jahren entwickelt hat. Dort wird es mit »e« geschrieben – »Müsli« sind im Schwyzerdeutsch nämlich Mäuslein, und die bekommt höchsten die Katze zum Frühstück.

1 Portion

1-2 Stück Obst, kleingeschnitten
ca. 40-50 g Haferflocken oder Müslimischung
ca. 125 g Vollmilch-Joghurt (oder Milch, wenn Sie das lieber mögen)
nach Wahl: Honig, Nüsse, Mandeln, Sonnenblumenkerne, Rosinen,
Leinsamen, kleingeschnittene Trockenfrüchte wie Feigen, Aprikosen,
Pflaumen
Gesamtkosten etwa 0,90 €

Alle Zutaten mischen.

Tipp

Falls Sie Haselnüsse verwenden, sollten Sie sie zuvor in einer Pfanne ohne Fett bei schwacher Hitze rösten, bis sie duften. Erst durch das Rösten entfalten sie ihren vollen Geschmack. Wenn ich Haselnüsse kaufe, röste ich sofort die ganze Packung in einer großen Pfanne und fülle die abgekühlten (wichtig, damit sie nicht »schwitzen«!) Nüsse anschließend in eine Dose.

V Blaukraut mit Apfel und Zwiebel

2 Portionen

250 g Rotkohl/Blaukraut
1 Zwiebel
1 EL Öl
1/2 Apfel
1-2 TL Essig
Salz, Pfeffer
Gesamtkosten etwa 0,80 €

Den Kohl in sehr feine Streifen, den Apfel in kleine Stücke schneiden.
Die Zwiebel hacken und in einem Topf im Öl goldbraun braten.
Den Kohl dazutun und 5 Minuten mitdünsten. Die Apfelstückchen,
den Essig und einen kleinen Schuss Wasser hinzufügen und alles im
geschlossenen Topf ca. 20 Minuten bei sehr schwacher Hitze garen.
Zwischendurch kontrollieren und wenn nötig, noch ein paar Tropfen Wasser dazugießen.

Mit Salz und Pfeffer abschmecken.

Hackfleischsauce für Nudeln

2 Portionen

1 Zwiebel
1 Knoblauchzehe
2 EL Öl
125 g Rinderhack oder gemischtes Hackfleisch
1 Stückchen Karotte
1/2 Flasche passierte Tomaten
1 EL frische oder getrocknete Kräuter, z.B. »Pizzakräuter« oder Oregano,
außerdem 1 Lorbeerblatt
Salz, Pfeffer

Gesamtkosten etwa 1,75 €

Zwiebel fein, Knoblauchzehe grob hacken und bei milder Hitze im Öl braten, bis die Zwiebeln goldgelb sind. Das Fleisch dazugeben und mit dem Kochlöffel gut zerdrücken. Unter Rühren und Wenden braten, bis keine rohen Stückchen mehr sichtbar sind. Die Karotte dazureiben. Leicht salzen und die Kräuter hinzufügen – getrocknete Kräuter zwischen den Handflächen zerreiben. Die passierten Tomaten dazugeben, umrühren. Einige Minuten einkochen lassen, ab und zu umrühren. Mit Salz und Pfeffer abschmecken.

Dazu Nudeln kochen, mit der Sauce übergießen, mit geriebenem Käse bestreuen.

Übrigens: Auch wenn es unter Energie-Aspekten bedenklich ist: Je länger die Sauce köcheln darf, desto besser schmeckt sie. Damit sie nicht anbrennt, ab und zu etwas Wasser, Weißwein und/oder Gemüsebrühe dazugießen.

Extras:

Wenn vorhanden, eine Selleriestange fein hacken und mitkochen.

Wenn Basilikum oder Petersilie im Haus ist, etwas davon gehackt über das fertige Gericht streuen.

Belegte Brote

Ist das mein Ernst, dass ich mich hier über belegte Brote auslassen will? Aber ja.

Denn zu den üblichen Verdächtigen – Käse, Schinken und Wurst – gibt es zahlreiche Alternativen, die man oft nicht in Erwägung zieht. Als da sind: Scheiben von hartgekochtem Ei, Tomatenscheiben, Schnittlauchröllchen, Gurkenscheiben, Radieschen. Sie sind keineswegs bloß ein magerer Ersatz, sondern steuern auch gleich etwas zur benötigten Gemüseration bei.

Beispiel für eine leckere Klappstulle für unterwegs: Zwei Scheiben Graubrot oder Vollkornbrot mit Frischkäse bestreichen, mit leicht gesalzenen Gurken- und/oder Tomatenscheiben, Salatblättern und/oder einem in feine Scheiben geschnittenen Champignon belegen.

Wenn Sie im Sommer Zucchini oder Auberginen günstig erwischen, lassen sich auch daraus feine Aufstriche machen: Braten oder im Backofen garen, im Mixer pürieren und mit Öl, Knoblauch, Salz und Zitronensaft anmachen – wunderbar!

Auch Linsen lassen sich – gekocht, pikant gewürzt und mit Öl vermanscht – prima aufs Brot schmieren.

Oder Sie haben noch einen Hefefladen (Rezept Seite 190) übrig und vielleicht etwas Krautsalat (Rezept Seite 191) oder Linsensalat (Rezept Seite 194). Schneiden Sie den Fladen auf, aber nicht ganz durch, und füllen ihn mit soviel Salat, wie hineinpasst – das Ergebnis ist eine Art Veggie-Döner.

V Omelett mit Kräutern

1 Portion
2 Eier
Salz
1 EL gehackte Kräuter wie Schnittlauch, Petersilie oder Kerbel
1 TL Butter
Gesamtkosten etwa 0,75 €

Eier leicht salzen und mit dem Schneebesen bzw. dem Schneebesen des Handmixers sehr schaumig schlagen. Kräuter locker unterheben.

Pfanne erhitzen, Butter darin zerlassen. Eiermasse einfüllen, stocken lassen, wenden und rasch fertigbraten.

V Rotkohl-Nudel-Auflauf

Kohl einmal auf die mediterrane Art. Ein gutes Gericht gegen den Winter-Blues.

1 große Portion

250 g Kopf Rotkohl/Blaukraut (das ist, je nach Größe, 1/4 oder
1/2 Kopf)
100 g Nudeln
1 Zwiebel
1 EL Öl
1 TL getrocknete Kräutermischung (wenn Sie frische Kräuter wie
Thymian oder Oregano haben, nehmen Sie selbstverständlich lieber die!)
60 g geriebener Käse
Salz, Pfeffer
Utensilien:
eine ofenfeste Form
Gesamtkosten ca. 2,10 €

Die Nudeln nach Packungsanweisung kochen. Falls Sie nur lange Nudeln wie Spaghetti oder Maccaroni haben, diese vor dem Kochen in kurze Stücke brechen.

Vom Kohl evtl. unschöne äußere Blätter entfernen. Kohl in sehr feine Streifen schneiden. Die Zwiebel hacken und in Öl glasig dünsten. Dann den Kohl dazugeben und mitdünsten. Mit Salz, Pfeffer und Kräutern würzen.

Den Backofen auf 200 Grad C vorheizen. Wenn der Kohl halbwegs gar ist, in eine ofenfeste Form umfüllen, mit den Nudeln bedecken und mit dem Käse bestreuen. Überbacken, bis der Käse geschmolzen ist.

V Butterplätzchen

Eine kleine Süß-Reserve braucht der Mensch. Die Plätzchen sind lecker, kosten wenig, sind schnell gemacht. Da sie in der Dose problemlos zwei Wochen halten, haben Sie auf diese Weise immer etwas da, was Sie Überraschungsgästen anbieten können.

Etwa 60 Stück

90 g kalte Butter, in Würfelchen geschnitten
75 g Zucker
160 Mehl + etwas Mehl zum Ausrollen
1 Eigelb

Gesamtkosten ca. 1,20 €
Utensilien: Teigroller

Butter, Zucker, Mehl und Eigelb rasch zu einem glatten Teig verkneten. (Wer eine Küchenmaschine hat, lässt die die Arbeit machen.) Den Teig zu einer Kugel formen, in Klarsichtfolie wickeln und eine halbe Stunde kühl lagern.

Backofen auf 180 Grad C vorheizen. Backbrett oder die saubere Tischplatte mit etwas Mehl bestreuen und den Teig darauf zu einem dünnen – etwa 3 Millimeter – Rechteck ausrollen und mit einem Messer zuerst in Streifen schneiden, diese dann in kleine Rechtecke oder Quadrate zerteilen. Mit etwas Abstand auf ein Blech setzen. (Das Blech brauchen Sie nicht zu fetten, da der Teig selbst ausreichend Fett mitbringt.)

Plätzchen in wenigen Minuten goldgelb backen. Bitte unbedingt unbedingt dabeibleiben! Keinesfalls aus der Küche gehen, auch nicht, wenn das Telefon klingelt – denn zwischen »perfekt« und »verbrannt« liegen nur Sekunden.

Die Plätzchen vollständig auskühlen lassen, bevor Sie sie in einer Dose verstauen (sonst schwitzen sie in der Dose und werden labbrig).

V Bananenquark

Da Magerquark oft deutlich günstiger ist als zwanzigprozentiger oder gar Sahnequark, lohnt es, den billigeren Quark zu kaufen und mit etwas Schmand oder Crème fraîche zu verbessern.

I Portion

125 g Quark

2-3 EL Joghurt

I kleine, gut reife Banane

I EL Zucker

I EL Zitronensaft

Gesamtkosten etwa 0,65 €

Banane mit der Gabel zerdrücken, mit Quark, Joghurt und Zucker und Zitronensaft verrühren.

V Linsensuppe

Linsen sind schnell gar und müssen auch nicht eingeweicht werden
– ein Vorzug, den die leckeren kleinen Eiweißspender anderen Hül-
senfrüchten wie Kichererbsen oder Weißen Bohnen voraus haben.

1 große Portion
1 kleine Zwiebel
1 Knoblauchzehe
1-2 EL Öl
2 gehäufte EL kleine braune Linsen (Berglinsen)
1/2 Gemüsebrühewürfel
1 EL Tomatenmark oder etwas übrige Tomatensauce
1 Schuss Schlagsahne oder 1 EL Crème fraîche
Salz, Pfeffer

weitere Zutaten nach Wunsch und Verfügbarkeit: Lorbeer, Kümmel oder
Kreuzkümmel, gehackte Chilischote oder Cayennepfeffer, fein gewürfelte
Paprika, Frühlingszwiebelringe

Gesamtkosten etwa 0,60 €

Zwiebel und Knoblauch häuten und fein würfeln. In einem kleinen
Topf das Öl erhitzen die Zwiebeln darin sanft anbraten. Nach wenigen Minuten, wenn die Zwiebeln hellgelb sind, Knoblauch und Linsen dazugeben. 1/4 l Wasser dazugießen und aufkochen. 20 Minuten
bei schwacher Hitze köcheln lassen.

Wenn die Linsen gar sind, den Brühwürfel in der Flüssigkeit auflösen. Tomatenmark oder Tomatensauce unterrühren. Mit Pfeffer und,
falls nötig, mit Salz abschmecken. Sahne oder Crème fraîche unterrühren.

Super dazu: In der Pfanne gebackene Hefefladen (Rezept Seite 190).

V Tomatensauce

Als Grundlage für eine Tomatensauce dient mir in der Regel eine Dose Tomatenstückchen (»fein stückig« oder was an ähnlicher Poesie auf dem Etikett steht). Im Bioladen oder im Bio-Regal mancher Drogeriemärkte kosten sie meist um einen Euro, manchmal weniger.

3-4 Portionen

1 Dose Tomatenstücke
1 EL Butter
1 Zwiebel, 1 Knoblauchzehe
1 TL getrocknete Kräuter, z.b.»Pizzakräuter« oder schlicht Oregano
Salz oder Brühwürfel, Pfeffer, Zucker

Gesamtkosten etwa 1,20 €

Zwiebel und Knoblauch häuten und fein würfeln. In einem kleinen Topf die Butter zerlassen und die Würfel darin bei schwacher Hitze andünsten. Wenn die Würfelchen goldgelb sind, die Tomatenstücke dazugeben.

Die getrockneten Kräuter zwischen den Händen zerreiben und zu den Tomaten geben. Leicht salzen ODER die Hälfte eines Brühwürfels in der Sauce auflösen. Die Tomaten einige Minuten köcheln lassen. Mit Pfeffer und einer winzigen Prise Zucker abschmecken.

Varianten:

Variante 1: Besonders würzig wird die Sauce, wenn Sie 1 EL gehackte Kapern und / oder Oliven zufügen.

Variante 2: Die getrockneten Kräuter weglassen und statt dessen die fertige Sauce großzügig mit grobgehacktem Basilikum bestreuen.

Variante 3: Wer es scharf mag, würzt mit feinstgehackter frischer Chilischote oder im Mörser zerkleinerter getrockneter Chili oder einfach mit Cayennepfeffer.

Variante 4: Wenn Sie Gemüsereste haben, einfach rein damit und einige Minuten mitköcheln lassen. Besonders gut: fein aufgeschnittener Stangensellerie, feine Würfel von Aubergine und / oder Zucchini und / oder Paprikaschoten.

V Selbstgemachte Nudeln

Frische Pasta ist Luxus zu kleinstem Preis – und in kleinen Mengen wirklich schnell gemacht.

1 sehr große oder 2 kleinere Portionen Bandnudeln
100 g Mehl (Type 550) + etwas Mehl zum Ausrollen
1 Ei
1 TL Öl
1 Prise Salz + Salz fürs Kochwasser
Utensilien:
Teigroller (Nudelholz)
Gesamtkosten etwa 0,50 €

Alle Zutaten rasch und gründlich miteinander verkneten. Wer eine Küchenmaschine hat, lässt die arbeiten, recht bequem geht es auch mit dem Knethaken des Handmixers. Aber auch mit bloßer Muskelkraft ist es problemlos zu schaffen: Alles mit der Gabel kurz vermengen, dann von Hand gründlich verkneten. Wenn der Teig allzu fest ist – vielleicht, weil das Ei sehr klein oder das Mehl besonders trocken ist –, helfen ein paar Tropfen lauwarmes Wasser. Den Teig zu einer Kugel zusammenklumpen, in Frischhaltefolie wickeln und kühlstellen.

Ein großes Brett mit Mehl bestäuben und den Teig darauf so dünn wie irgend möglich zu einem Rechteck ausrollen. Die Oberfläche ebenfalls mit etwas Mehl bestäuben und den Teig locker aufrollen. Die Rolle in 1 cm breite Stücke schneiden und die einzelnen Röllchen sofort lockern.

1 Minute in Salzwasser kochen, abgießen.

Tipp

Wenn Sie Hartweizengrieß im Haus haben, ersetzen Sie etwa ein Viertel des Mehls durch Grieß, das macht die Konsistenz der Nudeln noch angenehmer.

V Krautfleckerl

Der alpenländische Klassiker kombiniert preiswerteste, aber sehr gesunde Zutaten.

1 sehr große oder 2 kleinere Portionen
1 Grundrezept » selbstgemachte Nudeln«, Rezept Seite 176
1/4 KopfWeißkohl
1 Zwiebel
2 EL Öl, 1 EL Zucker
1 EL Essig
1/2 Brühwürfel
Kümmel, Salz, Pfeffer
Gesamtkostenetwa 1,00 €

Bereiten Sie den Nudelteig wie beschrieben und rollen ihn so dünn wie möglich aus. Mit einem Messer (oder einem Teigrad oder einem Pizzaschneider) die Teigplatte in etwa 3 mal 3 cm große Stücke schneiden. Die Stücke müssen nicht besonders gleichmäßig geformt sein – es sind ja »Fleckerl«.

Die Fleckerl 1 Minute in Salzwasser kochen, abgießen und kalt abschrecken. Im Sieb zur Seite stellen.

Kohlviertel längs halbieren – eventuell unschöne äußere Blätter entfernen – und in feine Streifen schneiden. Zwiebel häuten und hacken.

In einer großen Pfanne das Öl erhitzen, den Zucker darin kurz anrösten, dann die Zwiebel darin bei milder Hitze glasig dünsten. Das vorbereitete Kraut in die Pfanne geben und einige Minuten anbraten. Den halben Brühwürfel in 100 ml heißem Wasser auflösen. Essig und Brühe und 1 knappen TL Kümmel in die Pfanne geben und das Kraut etwa 25 Minuten zugedeckt schmoren, ab und zu umrühren. Wenn nötig noch etwas Wasser nachgießen. Wenn das Kraut eine angenehme Konsistenz hat, die Fleckerl hinzufügen und kurz in dern Pfanne erwärmen. Mit Salz und Pfeffer abschmecken.

Hackfleisch-Weißkohl-Eintopf

Samstags gibt es Hackfleisch schon mal im Sonderangebot. Da lohnt es sich zuzugreifen. Da Gehacktes rasch verarbeitet werden muss, sollten Sie es auf einmal zubereiten, in Portionen aufteilen und möglichst einfrieren.

4 Portionen

400 g gemischtes Hackfleisch oder Rinderhack
1 Zwiebel, 1 Knoblauchzehe
2 EL Öl, 1 Brühwürfel
1/2 Kopf Weißkohl
frische oder getrocknete Kräuter, z. B. Thymian, Majoran, Lorbeer oder
»Italienische Mischung«
2-3 EL Tomatensauce oder 1 EL Tomatenmark
1 EL Apfelessig, Salz, Pfeffer, Kümmel
Gesamtkosten etwa 5,00 € *(wenn Hack gerade im Angebot ist, weniger)*

Den Kohl vorbereiten: längs vierteln und die einzelnen Stücke quer in feine Streifen schneiden.

Zwiebel häuten und würfeln. In einem weiten Topf das Öl erhitzen und bei schwacher Hitze die Zwiebelwürfel darin glasig dünsten. Knoblauch in Scheibchen schneiden und zusammen mit dem Fleisch zu den Zwiebeln geben. Das Fleisch mit dem Kochlöffel oder einem Holzspatel zerdrücken und immer wieder wenden; insgesamt etwa 10 Minuten braten.

Den vorbereiteten Kohl hinzufügen und bei sanfter Hitze einige Minuten mitbraten. Den Löffel Essig und 1 Tasse Wasser dazugießen, den Brühwürfel dazugeben und zerdrücken. 1 TL Kümmel einstreuen, Kräuter hinzufügen. Das Ganze 10 Minuten köcheln lassen, ab und zu umrühren. Falls die Flüssigkeit verdampft ist, noch etwas Wasser dazugießen.

Zuletzt Tomatensauce oder Tomatenmark unterrühren und den Eintopf mit Salz und Pfeffer abschmecken. Gut dazu: Salzkartoffeln.

V Kohlrabisalat

Geht ganz fix, ist lecker und bringt ordentlich Vitamine.

1 große Portion

1 ganzer kleiner Kohlrabi oder die Hälfte bzw. ein Drittel eines größeren Exemplars

Zum Anmachen:
3 EL selbstgemachte Mayonnaise
ODER eine Marinade aus 2 EL Öl, 1 El Essig, 1 TL Senf, Salz und Pfeffer
Gesamtkosten etwa 0,70 €

Den Kohlrabi schälen, grob raffeln und mit der Mayonnaise oder der Marinade anmachen.

Varianten

Auf die gleiche Weise lassen sich Karotten oder Rote Beten zubereiten. Rote-Bete-Salat schmeckt besonders gut, wenn Sie etwas Meerrettich dazutun.

V Mayonnaise, frisch gemacht

Mayonnaise selber zu machen ist überhaupt nicht kompliziert – und statt eines öden Fabrik-Produktes hat man eine hochwertige Delikatesse. Ideal, um grob geraspeltes rohes Gemüse wie Kohlrabi, Rote Bete, Sellerie oder Karotten anzumachen.

3-4 Portionen
1 Eigelb
1 TL Senf, 1 Prise Salz
1 TL Zitronensaft oder Apfelessig
125 ml neutrales Pflanzenöl

Utensilien: Handmixer. (Nur wer sehr gut trainierte Armmuskeln hat, schafft es, allein mit dem Schneebesen oder gar mit der Gabel eine Mayo zu rühren.)

Gesamtkosten etwa 0,75 €

In einer kleinen Schüssel Eigelb, Senf, Salz und Zitronensaft glattrühren. Anfangs tropfenweise, dann in dünnem Strahl das Öl unterschlagen.

Wichtiger Hinweis

Eigelb, Senf und Öl müssen die gleiche Temperatur haben, also die Zutaten bitte unbedingt rechtzeitig aus dem Kühlschrank nehmen. Wenn Sie das nicht berücksichtigen, gerinnt die Mayonnaise.

Varianten

Variante 1: Herzhafter wird die Mayonnaise, wenn Sie einen Teil des neutralen Öls durch Olivenöl ersetzen.

Variante 2: Knoblauchfans verrühren gleich am Anfang eine zerdrückte Knoblauchzehe mit dem Eigelb.

Variante 3: Wenn Sie anfangs mehrere Knoblauchzehen, etwas zerkrümeltes Weißbrot und 1/2 TL Cayennepfeffer unters Eigelb rühren und dann das Öl unterschlagen, haben Sie eine »Rouille«. Diese feurige Creme gibt es in Südfrankreich zur Fischsuppe. Sie schmeckt aber auch einfach zu Weißbrot.

V Kohlrabi-Schnitzel

Geht schnell, schmeckt super – und: Für dieses »Schnitzel« muss kein Schwein dran glauben.

1 Portion

1 ganzer kleiner Kohlrabi oder die Hälfte bzw. ein Drittel eines größeren Exemplars
1-2 EL Mehl
1/2 Ei (Rest für Pfannkuchen oder Rührei verwenden)
2-3 EL Semmelbrösel
Salz
Öl oder Butter zum Braten
Gesamtkosten etwa 0,80 €

Den Kohlrabi dünn schälen, in gut 1 cm dicke Scheiben schneiden. Von beiden Seiten leicht salzen.

Das Ei auf einem Teller verquirlen, Mehl und Semmelbrösel jeweils auf Extra-Teller schütten. Öl oder Butter in einer beschichteten Pfanne erhitzen.

Die Kohlrabischeiben trockentupfen, zuerst im Mehl wälzen, dann ins Ei tunken, zuletzt in den Bröseln wende, anschließend von beiden Seiten knusprig goldbraun braten.

Gut dazu: Bratkartoffeln (Rezept übernächste Seite). Ein Butterbrot tut es aber auch.

V Chapati – in der Pfanne gebackenes Fladenbrot

Einfacher und billiger geht es nicht. Etwas Mehl haben Sie hoffentlich immer im Haus, damit sind Sie für jeden Brot-Engpass oder auch für Überraschungsgäste gerüstet.

5 kleine Fladenbrote
150 g Mehl
ca. 70 ml lauwarmes Wasser
1 EL Öl
1 Prise Salz

nach Belieben: Knoblauchbutter. Die rühren Sie aus 1 EL Butter, 1/2 sehr fein gehackten Knoblauchzehe und 1 winzigen Prise Salz zusammen.

Gesamtkosten etwa 0,20 €

Mehl, Wasser, Öl und Salz in einer Schüssel mit der Gabel gut verrühren, 10 Minuten ruhen lassen.

Etwas Mehl auf die Hände nehmen und den Teig kurz durchkneten. In 5 Stückchen teilen. Jedes zwischen den bemehlten Händen flachdrücken und mit den Fingern noch etwas auseinanderziehen oder auf einer bemehlten Arbeitsfläche ausrollen.

Eine Pfanne erhitzen und die Fladen darin – je nach Größe der Pfanne gleichzeitig oder nacheinander – ohne Zugabe von Fett braten, bis die Unterseite braune Flecken bekommt. Umdrehen und fertigbacken. (Der erste Fladen wird immer nicht ganz so schön wie die folgenden, also nicht beim ersten Versuch aufgeben!)

Wer mag, streicht nach dem Umdrehen etwas Butter bzw Knoblauchbutter auf den Fladen.

Tipp
Machen Sie Knoblauchbutter oder auch Knoblauch-Kräuter-Butter auf Vorrat. Im Kühlschrank hält sie mehrere Wochen, im Gefrierfach mehrere Monate.

V Bratkartoffeln

Gelingen besonders gut mit Kartoffeln, die bereits am Vortag gekocht wurden. Wenn die Lust auf Bratkartoffeln Sie überkommt, ohne dass gekochte Kartoffeln vorrätig sind, braten Sie rohe Kartoffeln. Die brauchen allerdings noch mehr Geduld beim Braten als die gekochten. Keinesfalls frisch gekochte Kartoffeln verwenden, die würden nämlich in der Pfanne zu Matsch.

1 Portion

2-3 am Vortag gekochte Pellkartoffeln, ersatzweise 2-3 rohe Kartoffeln
neutrales Pflanzenöl oder Butterschmalz
Salz, Pfeffer
Utensilien:
die größte beschichtete Pfanne, die Sie haben

Gesamtkosten etwa 0,50 €

Pellkartoffeln pellen und in ca. 0,5 cm dicke Scheiben schneiden. (Rohe Kartoffeln schälen und in möglichst kleine Würfel schneiden, weil die weniger leicht zusammenpappen als Scheiben. Überschüssige Feuchtigkeit mit Küchenpapier abtupfen.)

Pfanne auf gut mittlerer Flamme erhitzen und erst, wenn die Pfanne heiß ist, einen knappen Löffel Öl oder Butterschmalz hineingeben.

Kartoffeln so in die Pfanne befördern, dass Scheiben oder Würfel nebeneinander liegen und jedes einzelne Stück Bodenkontakt hat. Leicht salzen und pfeffern.

Zwischendurch mal schauen, wie es an der Unterseite aussieht. Sind die Kartoffeln unten schön goldbraun, alle einzeln wenden, wieder schwach salzen und pfeffern. Zwischendurch, wenn es in der Pfanne zu trocken wird, noch etwas Fett nach Bedarf hinzufügen. Sind die Scheiben auf beiden Seiten braun, sind die Bratkartoffeln fertig.

Bei rohen Kartoffelwürfel ist es mit einmaligem Wenden leider nicht getan – der Würfel hat ja nicht zwei, sondern sechs Seiten. Das Kunststück besteht also darin, ab und zu durch Rütteln der Pfanne zu wenden und im Laufe der nächsten 20-30 Minuten möglichst alle Seiten zu erwischen und so die Kartoffeln gar zu bekommen.

Variante

Wenn Sie die Bratkartoffeln mit Zwiebeln und/oder feingewürfeltem Speck mögen: Zuerst müssen die Kartoffeln schön knusprig gebraten sein, erst dann noch kurz Zwiebeln und Speck mitbrutzeln.

V Eier in Senfsauce

Ein Klassiker aus Großmutters Zeiten.

1 Portion
2 Eier
200 ml Milch
25 g Butter
1 EL Mehl
2 EL Senf
1/2 Gemüsebrühwürfel
Gesamtkosten etwa 1,00 €

Die Eier 7 Minuten kochen, dann ist das Eigelb halbwegs fest, aber nicht steinhart. Kalt abschrecken.

In einem kleinen Topf die Butter schmelzen. Das Mehl dazuschütten und mit der Butter glattrühren. Die Milch nach und nach dazugießen und mit dem Schneebesen ausdauernd rühren, um Klümpchen zu verhindern. Den halben Brühwürfel in der heißen Sauce auflösen, dann den Senf unterrühren.

Die Eier pellen und mit der Senfsauce übergießen.

Ein Muss dazu: frisches Kartoffelpüree (Rezept nächste Seite)

V Kartoffelpüree

Vergessen Sie um Himmels Willen Kartoffelflocken aus der Tüte! Selbstgemachtes Püree ist eine echte Delikatesse zu kleinem Preis.

1 stattliche Portion

300 g Kartoffeln, mehlig oder vorwiegend festkochend
50 ml Milch
1 EL Butter, Salz
Utensilien:
wenn möglich: Kartoffelstampfer
Gesamtkosten etwa 0,65 €

Kartoffeln schälen, je nach Größe vierteln oder achteln und in Salzwasser garkochen. Die Kartoffeln sollen sich jetzt ganz ohne Anstrengung zerdrücken lassen.

Das Kochwasser abgießen, die Kartoffeln im Topf lassen, Butter und Milch dazugeben. (Die Milch müssen Sie nicht unbedingt vorher erhitzen; wenn Sie den Topf auf der ausgeschalteten Herdplatte stehen lassen, erwärmt sie sich schnell genug.) Mit dem Kartoffelstampfer gut zerdrücken. Ist kein Kartoffelstampfer da, geht es auch mit der Gabel. So lange arbeiten, bis das Püree klümpchenfrei und flauschig ist. Bei Bedarf nachsalzen.

Tipp 1
Natürlich soll das Püree schön glatt sein. Keinesfalls dürfen sie es dafür aber mit dem Pürierstab traktieren oder in den Mixer befördern – das Püree würde zäh wie Tapetenkleister. Hingegen können Sie, wenn Sie die Kartoffeln schon einigermaßen zerstampft haben, den Schneebesen des Handrührers zuhilfe nehmen, um damit das Püree schön locker zu kriegen.

Tipp 2
Reste vom Püree in der Pfanne mit etwas Butter aufbraten.

V Pfannkuchen

Kann man bei Pfannkuchen etwas falsch machen? Man kann. Ungeduld verträgt er nämlich gar nicht. Wer den Pfannkuchen gleich und sofort haben will, bekommt nicht das beste Ergebnis. Der Teig muss nämlich quellen, genauer: das Mehl muss in der Flüssigkeit aufquellen.

Dann spielt die Pfanne ein wichtige Rolle. Kupferkessel-Romantiker empfehlen in ihren Anweisungen gerne »die Gusseiserne«. Die kann man nehmen, wenn man ganz viele Pfannkuchen macht, denn etwa ab dem dritten werden sie gut – der erste bleibt in der Regel hängen.

Wenn Sie nur einen Pfannkuchen machen möchten: Greifen Sie unbedingt zur beschichteten Pfanne, damit gelingt dann auch dieser eine.

1 großer Pfannkuchen
1-2 Eier
2 gehäufte EL Mehl
100 ml Milch
1 Msp Salz, evtl. 1-2 TL Zucker
1 TL Öl oder Butter zum Braten
Gesamtkosten etwa 0,60 €

Die Eier mit dem Mehl zu einem glatten Brei verrühren. So lange rühren, bis sich auch das letzte Klümpchen aufgelöst hat. Jetzt erst die Milch dazugießen. Salz und, falls es ein süßer Pfannkuchen werden soll, Zucker unterrühren. Jetzt muss der Teig ruhen. 20 Minuten mindestens, eine Stunde ist noch besser.

Teig noch einmal durchrühren. Fett in der Pfanne erhitzen und den Teig hineingießen. Hitze reduzieren und den Teig stocken lassen. Wenn der Teig an der Oberfläche nicht mehr flüssig ist, können Sie wenden (mit dem Pfannenwender oder mit beherztem Schwung der Pfanne).

Schmeckt pur, mit Zucker und Zimt, mit etwas Marmelade oder auch mit Gemüse gefüllt.

Kartoffelsalat mit Bergkäse und Paprikawurst

Einfach nur lecker!

2-3 Portionen

500 g festkochende Kartoffeln
ca. 45 g Paprikawurst (Chorizo)
1 Scheibe Bergkäse
1 kleiner Zucchino
1 kleine Tomate
1 Frühlingszwiebel
einige Blättchen frische Petersilie und/oder Basilikum
100 ml heiße Gemüsebrühe
1-2 EL Öl
1-2 Essig
Salz, Pfeffer
Gesamtkosten etwa 2,90 €

Kartoffeln (ungeschält) knapp mit Wasser bedecken und zum Kochen bringen. Je nach Größe in ca. 15-25 Minuten garkochen.

Inzwischen Zucchini (oder Zucchino, ganz wie's beliebt) waschen, abtrocknen, in feine Scheiben schneiden, zusammen mit einer in Scheibchen geschnittenen Knoblauchzehe in Öl anbraten. Einige Minuten auf kleiner Flamme braten, leicht salzen. Wenn die Zucchinischeiben anfangen, brutzelbraun zu werden, einen Esslöffel Essig dazugießen. Noch einen kurzen Moment kräftig aufkochen, umrühren, Pfanne vom Herd nehmen.

Kartoffeln abgießen, soweit abkühlen lassen, dass man sich beim Anfassen nicht mehr die Finger verbrüht. Pellen, in Scheiben schneiden und in einer Schüssel mit der heißen Brühe übergießen. Tomate in Spalten, Käse und Wurst in feine Streifen, Frühlingszwiebel in Ringe schneiden und zusammen mit den Zucchinischeiben zu den Kartoffeln geben. Öl und evtl. noch etwas Essig dazugießen, mit Salz und Pfeffer abschmecken. Mindestens 30 Minuten durchziehen lassen.

V Karamellisierte Haferkekse

Die Plätzchen sind einfach und schnell zu machen und preiswerte Leckerlis für schwache Momente.

Etwa 40 Stück

80 g Butter
125 g Haferflocken oder Mehrkornflocken
6 EL Zucker
1 Ei
50 g Mehl
1 TL Backpulver
1 Prise Salz

Gesamtkosten etwa 1,20 €

In einer beschichteten Pfanne Butter, Haferflocken und 2 EL Zucker unter ständigem Rühren anrösten, aus der Pfanne nehmen und abkühlen lassen.

Restlichen Zucker, Ei und eine Prise Salz mit dem Mixer ca. 4 Minuten sehr schaumig rühren. Mehl und Backpulver mit den Haferflocken mischen und unter die Eimasse heben.

Mit zwei Teelöffeln hasel- bis walnussgroße Häufchen auf ein mit Backpapier ausgelegtes Backblech setzen. Zwischen den Häufchen 3 cm Platz lassen, weil der Teig beim Backen etwas auseinanderfließt.

Die Haferplätzchen bei 170 Grad C ca. 10 Minuten backen, bis sie hellgoldbraun sind. Während des Backens keinesfalls die Küche verlassen! Wenn die Plätzchen aus dem Backofen kommen, sind sie noch weich. Lassen Sie sie mit der Unterseite nach oben abkühlen.

Extras

– Wenn Sie eine Zitrone oder Orange im Haus haben, reiben Sie die Schale ab und geben sie zum Teig.

– Ingwerfans reiben etwas von ihrer Lieblingswurzel in den Teig.

V Kleine Hefefladen, in der Pfanne gebacken

Kein Brot mehr im Haus? Mehl und Trockenhefe sollten Sie immer vorrätig haben, um im Falle eines Falles diese Fladen backen zu können, die superlecker sind – und so gut wie nichts kosten

5 Mini-Fladen

200 g Mehl + etwas Mehl zum Verarbeiten
1 knapper TL Trockenhefe
1 gute Prise Salz
1 Prise Zucker (erleichtert der Hefe die Arbeit)
Gesamtkosten etwa 0,35 €

Mehl mit Trockenhefe, Salz und Zucker mischen und mit 150 ml lauwarmem Wasser zu einem festen Brei verrühren. Mit einem Tuch bedecken und an einem geschützten, warmen Platz stehen lassen, bis sich das Volumen verdoppelt hat.

Etwas Mehl auf die Hände nehmen und den Teig kräftig durchkneten. Eine Pfanne erhitzen. Teig in 5 Stücke teilen und zu flachen Fladen formen. Ohne Fett in der Pfanne von beiden Seiten backen, bis sie braune Flecken bekommen.

Tipp

Klar schmecken die Fladen frisch aus der Pfanne am besten, aber im Gegensatz zu den ohne Hefe hergestellten Fladen, welche am nächsten Tag steinhart und ungenießbar sind, lassen die Hefefladen sich auch am Tag danach noch verwenden.

Varianten

– Zwei Löffel Joghurt oder Sauerrahm in den Teig mischen und/oder etwas geschmolzene Butter unterrühren.

– Würzen: orientalisch mit gemahlenem Kreuzkümmel, mediterran mit feinst gehacktem frischem Rosmarin und Knoblauch, oder auch mit kleinen Stückchen von Oliven und/oder getrockneten Tomaten. Damit kommen wir aber schon in den Luxusbereich…

V Krautsalat mit Sahnesauce

Weißkraut, diese zuverlässige, billige und vielseitige Vitaminbombe, hat einen Stammplatz in Ihrer Küche verdient. Besonders praktisch: Sie können den fertigen Salat zwei Tage im Kühlschrank aufheben, ohne dass er schlappmacht.

2-3 Portionen

etwa 400 g frischer Weißkohl
1 Karotte
100 g (1/2 Becher) Schlagsahne oder Schmand
1/2 TL Kümmel
3 EL Öl
1 EL Essig
1 TL Zucker
Salz, Pfeffer
Gesamtkosten etwa 1,30 €

Das Kraut sehr fein schneiden oder hobeln und in eine Schüssel füllen. Die Karotte dazuraspeln.

Öl mit Essig, Kümmel, Zucker und Sahne in einem kleinen Topf gut verrühren und erwärmen (nicht kochen). Mit Salz und Pfeffer würzen. Die noch warme Marinade über den Kohl gießen. Gut durchmischen und mindestens 30 Minuten – mehr ist in diesem Fall mehr – durchziehen lassen.

V Nudelsuppe mit Karotten

Bei mir ein Klassiker: Es ist Abend, ich habe Hunger, möchte was Warmes, aber nichts Großes, habe außerdem keine Lust zu kochen. Dann gibt es Nudelsuppe, ganz simpel aus einem Gemüsebrühwürfel und dünnen Suppennudeln. Damit es etwas »Vernünftiges« wird, kommen noch Karottenscheiben und, wenn gerade vorhanden, ein, zwei Minitomaten und / oder ein paar Frühlingszwiebelringe hinein. Macht so gut wie keine Arbeit, wärmt, macht satt und bringt auch noch gesunde Gemüseeinheiten.

2 Teller

1 Gemüsebrühwürfel
40 g Suppennudeln
1 Karotte
evtl. 1 Frühlingszwiebel
Gesamtkosten etwa 0,45 €

Gemüsebrühwürfel mit 1/2 Liter Wasser aufkochen. Inzwischen Karotte schälen, ggf. Frühlingszwiebeln von Wurzelansatz und welkem Grün befreien und beides fein aufschneiden. Nudeln und Karotte etwa 8 Minuten in der Brühe köcheln, Frühlingszwiebelringe erst in der letzten Minute dazugeben.

Linsen-Kartoffel-Salat mit Paprikawurst

1 große Portion

100 g kleine braune Linsen (Berglinsen)
1 Karotte
1 Zucchini
1 Kartoffel
1 Stückchen Chorizo (span. Paprikawurst), ca. 20 g
1 EL Öl
1 TL Essig
Salz, Pfeffer
Gesamtkosten etwa 1,45 €

Linsen in ungesalzenem Wasser etwa 20 Minuten bei schwacher Hitze kochen. Gleichzeitig Kartoffel ungeschält kochen, das dauert je nach Größe des Erdapfels 15-25 Minuten. (Wenn Sie schon dabei sind, kochen Sie am besten gleich zwei, drei Kartoffeln für den nächsten Tag mit, damit es sich lohnt.) Karotte schälen und hauchfein aufschneiden; am besten geht das mit dem Gurkenhobel. Chorizo in feine Würfel schneiden.

Linsen in ein feinmaschiges Sieb abgießen, einen kurzen Moment kaltes Wasser darüberlaufen lassen, das Sieb zwei, dreimal vorsichtig rütteln und schütteln, damit das Wasser abtropft. In eine Schüssel füllen. Die Kartoffel pellen, würfeln und zusammen mit den Karottenscheiben und Chorizo-Würfeln zu den Linsen geben. Mit Öl, Essig, Salz und Pfeffer anmachen.

Info

Das Praktische an Linsen: Sie sind, ohne Einweichen, je nach Sorte in 20-30 Minuten gar.

V Linsensalat Grundrezept

Weil Linsensalat gar so lecker ist, hier ein Grundrezept, das Sie vielfältig variieren können:

1 Portion

70 g kleine braune Linsen (Berglinsen)
1 EL Öl
1 TL Essig
1 Frühlingszwiebel
Salz, Pfeffer
Gesamtkosten etwa 0,45 €

Linsen in ungesalzenem Wasser etwa 20 Minuten bei schwacher Hitze kochen. Inzwischen schon mal die Frühlingszwiebel in feine Ringe schneiden.

Linsen in ein feinmaschiges Sieb abgießen, einen kurzen Moment kaltes Wasser darüberlaufen lassen, das Sieb zwei, dreimal vorsichtig rütteln und schütteln, damit das Wasser abtropft. In eine Schüssel füllen, mit Öl, Essig und den Frühlingszwiebelringen vermengen, mit Salz, Pfeffer würzen.

So lässt sich das schon ganz gut essen, auf jeden Fall ist es eine gute Grundlage – und sehr erschwinglich.

Varianten / Ergänzungen:

– Knoblauchfans fügen ein Stückchen ihrer Lieblingsknolle, sehr fein gehackt, hinzu.
– 1 Tomate, fein gewürfelt, sollte auch mit hinein.
– Ebenfalls gut: 1-2 Esslöffel geraspelte Karotte oder gekochte Karottenscheiben.
– 1 hartgekochtes, längs in Achtel geschnittenes Ei macht aus dem Linsensalat ein sättigendes Gericht.
– 1-2 Esslöffel Schaf-Feta, darübergebröckelt, werten den Linsensalat zur raffinierten Gourmet-Speise auf.

Weitere Zutaten, die gut passen:

– feingeschnittener Stangensellerie
– Kapern
– in feine Streifen geschnittene getrocknete, eingelegte Tomaten
– feingewürfelte Paprikaschote
– in feinste Ringe geschnittene Chilischote
–Würfelchen von Salatgurke. Bitte ohne Kerne, sonst wird der Salat wässrig.
– in Streifen geschnittene schwarze Oliven
– frische Kräuter, z.B. Schnittlauch, Petersilie, Majoran, Koriander. Nur eine Sorte verwenden, so setzen Sie einen klaren Akzent.

V Potage Crécy – Karottensuppe mit Reis

Klingt das nicht feudal – Potage Crécy? Dieses Süppchen ist absolut gästetauglich, obwohl es so schlicht und preiswert ist. Bloß schade, dass sich hinter dem hübschen Namen keine romantische Legende verbirgt, die Sie Ihren Gästen auftischen können; die Erklärung für den Namen ist denkbar simpel: Crécy ist die Hauptstadt des französischen Karottenanbaus. Aber sie können ja eine Geschichte erfinden – vielleicht von einem Hofkoch namens Crécy, der im ausgehenden 18. Jahrhundert lebte und unsterblich verliebt war in eine hübsche Karottenverkäuferin und während der Wirren der Französischen Revolution … (den Rest müssen Sie sich selbst ausdenken)

3 Portionen
1 große oder 2-3 kleinere Karotten
1 Zwiebel
1 EL Butter
1 Gemüsebrühwürfel
50 g Langkornreis
etwas Sahne oder Crème fraîche oder kalte Butter zum Verfeinern
wenn vorrätig: ein paar Kräuterblättchen (Petersilie, Kerbel oder Basilikum)
Salz
Gesamtkosten etwa 0,65 €

Karotte(n) schälen und in Scheiben schneiden oder grob raspeln. Zwiebel grob würfeln und mit der Karotte in der Butter andünsten. Den Gemüsebrühwürfel dazugeben und mit 750 ml Wasser aufgießen. Den Reis dazuschütten und das Ganze knapp 20 Minuten bei schwacher Hitze im zugedeckten Topf köcheln lassen.

Die Suppe mit dem Mixstab pürieren. Zum Fertigstellen wahlweise etws süße Sahne oder Crème fraîche oder kalte Butter – was gerade verfügbar ist – in die Suppe rühren. Mit Salz abschmecken, mit Kräuterblättchen garnieren.

Matjessalat

Die Matjesheringe finde ich günstig im Supermarkt. Sie sind weder Bio noch nicht Bio, denn sie sind ja wild im Meer herumgeschwommen. Da sie laut Greenpeace zu den (bis jetzt jedenfalls noch) nicht bedrohten Arten zählen, kann man sie sich ab und zu mal gönnen. Sie hatten ein gutes Leben in Freiheit. Anders als etwa der allgegenwärtige Lachs oder die überall präsenten Garnelen, die in viel zu engen Aquafarmen gehalten und vorbeugend mit Antibiotika behandelt werden, durften die kleinen Heringe sich austoben und wurden nicht mit Medikementen und Chemikalien traktiert.

2 ansehnliche Portionen

1 Paket Matjesfilets, Abtropfgewicht 250 g
1 Apfel
1 kleine Zwiebel oder 2-3 Frühlingszwiebeln
150 g Vollmilchjoghurt, dazu, wenn möglich: etwas Sauerrahm, Schmand oder Crème fraîche
schwarzer Pfeffer
1 Essig- oder Salzgurke oder 1 Stück Salatgurke
wenn vorhanden: etwas Dill oder andere Kräuter
Gesamtkosten etwa 2,50 €

Die Fischfilets unter kaltem fließendem Wasser gründlich spülen, Sie können sie auch 10 Minuten in kaltes Wasser legen, damit sie etwas von ihrem Salzgehalt verlieren. Mit Küchenpapier trockentupfen und mit einem scharfen Messer (oder einer Küchenschere) in gut ein Zentimeter breite Streifen schneiden und in eine Schüssel legen.

Den Apfel waschen und trockenrubbeln (nicht schälen), halbieren, Stiel und Blütenansatz herausschneiden. Jede Hälfte nochmal längs in drei Stücke teilen, dann das Kernhaus herausschneiden. Apfelstücke nochmal längs halbieren, dann quer in Scheibchen schnippeln und zum Fisch geben.

Gurke in dünne Scheiben schneiden, zum Fisch geben. (Die Salatgurke brauchen Sie nicht zu schälen, da es sich ja um eine Bio-Gurke handelt, Sie sollten sie aber waschen und fest abtrocknen.)

Zwiebel häuten – ist die Zwiebel groß, reicht die halbe. Die andere Hälfte nehmen Sie dann zum Beispiel für Bratkaroffeln – die im übrigen bestens zum Matjessalat passen. Zwiebel längs halbieren, mit der Schnittfläche auf ein Brett legen. Quer in Scheibchen schneiden, die so hauchfein wie nur irgend möglich sind, und zum Fisch geben.

Oder: Frühlingszwiebeln in feine Ringe schneiden: Wurzel abschneiden, äußere, vielleicht schon etwas trockene Hautschicht abziehen, dunkle, welke und unansehnliche Enden einfach abknipsen und den schmucken Rest so dünn wie möglich aufschneiden.

Den Fisch und die übrigen Zutaten mit Joghurt und etwas Sauerrahm, Schmand oder Crème fraîche verrühren, schwarzen Pfeffer darübermahlen.

Eigens Dill zu kaufen würde das Gericht dramatisch verteuern. Sollten Sie aber Dill im Garten, im Topf oder im Tiefkühlfach haben, unbedingt etwas davon über den Matjessalat streuen. Wenn statt dessen andere Kräuter, etwa Petersilie, Schnittlauch oder Kerbel, vorhanden sind: Die passen auch, also rein damit.

Tipp – Apfel entkernen

Wenn Sie den Apfel vierteln, ist es mühsam, das Kernhaus herauszuschneiden. Es bleiben gern harte Schalenteile im Apfel zurück, und Sie müssen schaben und mit der Messerspitze herumpulen, um alles sauber wegzubekommen. Wenn Sie aber jede Hälfte in drei statt bloß in zwei Teile zerlegen, geht das Kernhaus glatt und vollständig mit einem kleinen Schnitt raus.

V Ravioli mit brauner Zwiebelfüllung

Ein Gericht, mit dem Sie sich selbst verwöhnen und auch Gäste beeindrucken können.

2 große Portionen
Nudelteig:
125 g Mehl + Mehl zum Verarbeiten
1 Ei
1 Msp Salz
Füllung:
2 große Zwiebeln
1 EL Butter
1 EL Öl
1 gekochte Kartoffel (die vielleicht am Vortag übriggeblieben ist)
1 EL Essig
1 Ei
Salz, Pfeffer
Zum Bestreuen:
1 EL geriebener Käse
Utensilien:
Teigroller
Gesamtkosten etwa 1,65 €

Das Mehl mit dem Ei und 1 TL Wasser zuerst mit der Gabel vermengen, dann mit den Händen zu einem glatten Teig verkneten. In eine Schüssel legen und zudecken (Sie können ihn auch in Frischhaltefolie wickeln – aber wir wollen doch Material sparen, nicht wahr?). Kühlstellen.

Für die Füllung die Zwiebeln fein hacken und in einer Mischung aus Butter und Öl anbraten. Bei milder Hitze schmoren, bis die Zwiebeln braun und ganz weich sind, dabei immer wieder umrühren. Den Essig dazugeben, leicht salzen und pfeffern. Abkühlen lassen.

Die Arbeitsfläche mit etwas Mehl bestreuen und den Teig darauf so dünn wie möglich ausrollen.

Einen breiten Topf, halbvoll mit leicht gesalzenem Wasser, aufsetzen.

Den Teig in Rechtecke schneiden, ein Löffelchen von der Füllung auf eine Seite häufen, dabei gut 1 cm Rand freilassen. Die freie Teighälfte darüberklappen. Eine Gabel in Mehl tauchen und damit die Ränder fest zusmmendrücken, damit beim Kochen die Füllung nicht verlorengeht.

Ravioli 1 Minute bei schwacher Hitze kochen.

Mit dem Nudelwasser den oder die Teller vorwärmen. Ravioli auf dem Teller mit geriebenem Käse bestreuen und etwas Pfeffer darübermahlen.

Was übrigbleibt am nächsten Tag in der Pfanne aufbraten.

V Tomaten-Champignons-Salat

Da Pilze sehr viel Flüssigkeit aufsaugen, ist es sinnvoll, die Marinade mit etwas Gemüsebrühe zu verlängern. Andernfalls wird der Salat entweder zu trocken – oder zu sauer oder fettig.

1 Portion

2-3 Champignons
1 Tomate oder 2-3 Kirschtomaten
1 Frühlingszwiebel
evtl. etwas gehackte Petersilie
Marinade:
2 EL Gemüsebrühe (ein winziges Eckchen Brühwürfel in 2 EL warmem
Wasser zerdrücken und auflösen)
1 EL Öl
1 EL Zitronensaft oder Essig
Salz, Pfeffer
Gesamtkosten etwa 0,90 €

Alle Zutaten für die Marinade verrühren.
Pilze säubern (siehe Tipp) und das trockene Ende vom Füßchen wegschneiden. Frühlingszwiebel von Wurzelansatz und welkem Grün befreien. Pilze und Tomaten in Scheibchen, Frühlingszwiebel in Ringe schneiden und in einem Schälchen mit der Marinade übergießen. Wenn vorhanden, ein paar gehackte Petersilienblätter darüberstreuen.

Tipp – Pilze putzen

Champignons säubern Sie am einfachsten, indem Sie ein kleines Stück Küchenpapier abreißen, leicht anfeuchten und damit den Pilz abwischen.

V Weiche Schokoplätzchen

Diese Plätzchen gehen ganz fix und schmecken sehr, sehr fein.

Etwa 40 Stück

100 g dunkle Schokolade (z.B. »Feine Bitter Orange«)
50 g weiche Butter
80 g Zucker
75 g Frischkäse
1 Ei (evtl. weglassen und dafür mehr Frischkäse nehmen)
85 g Mehl
1 Msp Backpulver

Gesamtkosten etwa 3,25 €

Die Schokolade grob raspeln und zusammen mit den übrigen Zutaten gründlich vermengen. Am besten geht das mit dem Knethaken des Handmixers.

Auf ein mit Backpapier ausgelegtes Blech mit dem Teelöffel kleine Häufchen setzen. Ausreichend Abstand zwischen den Häufchen lassen, weil der Teig beim Backen etwas auseinanderläuft, der Abstand sollte mindestens so breit sein, wie die Häufchen selbst.

Im Backofen bei 180 Grad C 8 bis 10 Minuten backen. Die Backzeit kann immer nur ein Anhaltspunkt sein, es kommt darauf an, wie groß die Teighäufchen sind, wie gut der Backofen heizt, was für ein Blech Sie benutzen. Also bitte unbedingt dabei bleiben. Wenn die Plätzchen am unteren Rand dunkler werden, sofort aus dem Rohr nehmen.

Die Plätzchen kurz auf dem Blech ruhen lassen, dann zum Abkühlen auf ein Kuchengitter (wenn Sie eins haben) schieben. Sonst mit der Unterseite nach oben auf einem Teller auskühlen lassen.

Die ersten Plätzchen schmecken auch lauwarm.

V Karottensalat aus gekochten Karotten

Der Salat hat den Vorteil, dass er problemlos zwei Tage im Kühlschrank frisch hält. Sie brauchen sich also nur einmal das bisschen Arbeit zu machen und können zwei bis dreimal davon essen. Aber wie alle Speisen bitte rechtzeitig, d.h. eine halbe Stunde vor dem Essen, aus dem Kühlschrank nehmen, sonst ist der Salat bloß kalt und schmeckt nach nichts.

2 Portionen

2 große Karotten
2 Stengel Koriandergrün oder Petersilie
1 kleine Knoblauchzehe
Salz
2 EL Öl – in diesem Fall ist Olivenöl die merklich bessere Wahl
1 EL Zitronensaft oder Essig
Gesamtkosten etwa 0,70 €

Die Karotten schälen, in ca. 3 cm große Stücke zerteilen und in wenig Salzwasser garkochen, das dauert etwa 12 Minuten. Inzwischen Koriander oder Petersilie hacken. Die noch warmen Karottenstücke mit Öl, Zitrone oder Essig und einer guten Prise Salz anmachen und mit den Kräutern bestreuen.

Tipp

Der Karottensud ist viel zu schade zum Wegschütten. Fangen Sie ihn auf und verwenden Sie ihn für Suppe – oder trinken Sie ihn einfach so.

Variante für bessere Zeiten

Oliven sind Luxus, den man sich bei extrem knapper Kasse kaum leisten kann. Wenn es aber doch mal geht, sollten Sie unbedingt folgende Variante ausprobieren: Salat wie beschrieben zubereiten. 6 kleine schwarze Oliven (die feinen, in Öl eingelegten) der Länge nach halbieren und zusammen mit dem Koriandergrün über die Karotten streuen.

Eine große Portion davon (mit 5 multipliziert) eignet sich als Mitbringsel fürs Party-Buffet.

Kartoffel-Karotten-Stampf

Einfach, billig, gesund und oberlecker. Ist für sich genommen schon sehr gut, kann aber beliebig ergänzt werden, etwa durch ein Spiegelei oder durch in Butter gebratene Zwiebelwürfelchen.

1 Portion

200-350 g Kartoffeln (je nachdem, wie groß der Hunger gerade ist)
1-2 Karotten, je nach Größe (der Karotte) und Appetit (Ihrem)
1 EL Butter
Salz
Gesamtkosten etwa 0,60 € bis 0,80 €

Kartoffeln schälen und würfeln Karotten schälen und in dicke Scheiben schneiden. In einen kleinen Topf füllen und knapp mit Wasser bedecken. Schwach salzen und zum Kochen bringen. Etwa 10 Minuten köcheln lassen, bis das Gemüse gar ist und sich mit einer Gabel leicht zerdrücken lässt.

Das Kochwasser abgießen (wenn möglich, auffangen und für Suppe weiterverwenden). Einen kleinen Rest im Topf lassen, damit der Kartoffelstampf nicht zu trocken wird. Mit Kartoffelstampfer, so vorhanden, andernfalls mit einer Gabel das Gemüse nicht allzu fein zerkleinern und die Butter unterheben.

V Kartoffel-Lauch-Suppe

Aus einfachsten Zutaten schafft die französische Küche die delikatesten Gerichte. Kartoffel, Zwiebel, Lauch, ein bisschen Butter, Sahne und einen Brühwürfel – mehr brauchen Sie nicht für diese köstliche Suppe.

Wird sie warm gegessen, nennt man sie »Potage Parmentier«, nach Antoine Augustin Parmentier, der im 18. Jahrhundert den Franzosen die Kartoffeln nahebrachte. So schmeckt sie in der kühleren Jahreszeit. Mit dem Namen ist eine hübsche Anekdote verbunden. Parmentier nämlich, so heißt es, habe einen Trick angewandt, um die Erdäpfel in Frankreich populär zu machen: Um ein von ihm angelegtes Kartoffelfeld ließ er tagsüber demonstrativ Wachen patrouillieren, damit die Bauern glaubten, es handle sich um ein besonders wertvolles Gewächs. Nachts ließ er die Wachen abziehen, mit dem erwünschten Erfolg, dass die Bauern die Pflanzen herausrupften, um sie auf ihren eigenen Äckern wieder einzupflanzen.

Im Sommer ist diese Suppe gut gekühlt eine Köstlichkeit. Sie wird umgetauft und heißt jetzt Vichyssoise, benannt nach der Stadt Vichy. Vermutlich war es ein Koch aus Vichy, Louis Diat, der diese Variante in New York kreiert hat. Dafür einfach die Suppe zubereiten wie beschrieben und, nachdem sie abgekühlt ist, mindestens zwei Stunden im Kühlschrank durchkühlen lassen.

2-3 Portionen

300 g Kartoffeln
1 Lauchstange
1 Zwiebel
1 EL Butter, 1 Brühwürfel
1/2 Becher (75 g) Crème fraîche oder Schmand, es darf auch mehr sein wenn vorhanden: in feinste Ringe geschnittenen Schnittlauch

Utensilien: Pürierstab

Gesamtkosten etwa 2,00 Euro

Den Lauch waschen. Dafür den Wurzelansatz abschneiden und die Stange mit einem spitzen Messer der Länge nach aufschlitzen. Jetzt kommen Sie, wenn Sie die Stange etwas auffächern, mit dem Wasserstrahl überall hin, um den verborgenen Sand zu entfernen.

Kartoffeln schälen, waschen und grob würfeln.

Die Zwiebel häuten und würfeln – das muss nicht sehr akkurat sein, die Suppe wird ja püriert – und bei sanfter Hitze in einem Esslöffel Butter andünsten.

Wenn die Zwiebelwürfel glasig und hellgelb sind, Kartoffeln dazugeben und mitdünsten. Den Lauch in Ringe schneiden und ebenfalls mit in den Topf packen. Einen Gemüse- oder Hühnerbrühwürfel dazutun und mit 3/4 Liter Wasser aufgießen.

Zum Kochen bringen. Hitze reduzieren, Suppe im geschlossenem Topf 15-20 Minuten köcheln lassen. Den Topf vom Herd nehmen und die Suppe mit dem Mixstab pürieren.

Zuletzt die Sahne hinzufügen. Am besten macht sich Crème fraîche, es geht aber auch mit Schmand. Zur Not – wenn auch nicht ganz so köstlich, weil die erfrischende Säure fehlt – tut es auch Schlagsahne.

V Apfeltaschen

Quark-Öl-Teig gehört zum einfachsten, was es im Bäckerhandwerk gibt. Auch Ungeübte sollten damit auf Anhieb klarkommen. Mehl, Quark, Öl, Milch und ggf. Ei, Salz und/oder Zucker werden miteinander verknetet, das ist alles. Durch den Quark ist die Masse von Anfang an recht geschmeidig, und man muss sich viel weniger plagen als etwa bei Mürbteig, Nudel- oder Hefeteig, die störrischer sind.

4 Stück

Teig:
100 g Mehl
50 g Quark
2 EL Öl
2 EL Milch
30 g Zucker
1 winzige Prise Salz

Füllung:
1 aromatisch-säuerlicher Apfel, z.B. Boskop oder Topaz
1 TL Butter
1 EL Zucker
evtl. etwas Zitronensaft

Utensilien:
Teigroller (Nudelholz)

Gesamtkosten etwa 0,95 €

Alle Zutaten für den Teig in einer kleinen Schüssel gründlich vermengen. Wenn Ihnen der Teig zu weich zum Ausrollen erscheint, noch ein Löffelchen Mehl unterkneten, oder auch zwei. Schüssel zudecken.

Den Apfel halbieren, jede Hälfte nochmal in längs drei Teile schneiden. Stiel, Blütenansatz und Kernhaus entfernen und die Apfelstücke ganz dünn schälen. Die Stücke nochmal halbieren und in dünne Scheibchen schneiden. In einer kleinen Pfanne die

Butter zerlassen und die Apfelstückchen darin andünsten. Zucker darüberstreuen, umrühren und einige Minuten bei niedrigster Hitze weiterdünsten, bis der Apfel schön weich ist. Falls der Apfel eher mild-süß ist, wie beispielsweise ein Golden Delicious, etwas Zitronensaft hinzufügen, sonst schmeckt das Ganze zu lasch. Abkühlen lassen.

Backofen auf 200 (Umluft 180) Grad C stellen. Bei Gas entfällt das Vorheizen. Ein großes Holzbrett oder die saubere Tischplatte mit etwas Mehl bestreuen, den Teig darauf flachdrücken und mit einem Teigroller zu einem Rechteck plattwalzen. Mit dem Messer in 4 längliche Rechtecke zerteilen. Einen Löffel Füllung mit gut 1 Zentimeter Abstand vom Rand an ein Ende setzen. In der nackten Teighälfte 3 oder 4 Einschnitte anbringen. Über die Füllung klappen. Eine Gabel in die Mehltüte tauchen und mit den Zinken die 3 offenen Seiten zusammendrücken. So entsteht ein nettes Muster, und die Teigschichten halten absolut dicht. Die Teigtaschen auf ein gefettetes oder mit Backpapier ausgelegtes Backblech legen.

Die Backzeit sollte etwa 12-15 Minuten betragen. Das ist aber von Backofen zu Backofen, von Blech zu Blech sehr verschieden. Bleiben Sie also dabei, verlassen Sie keinesfalls zwischendurch die Küche, um ans Telefon zu gehen. Ihr Gebäck hat jetzt Vorrang.

In einer Dose aufbewahrt schmecken die Apfeltaschen auch am nächsten Tag noch sehr gut.

Tipp I

Zusätzliche leckere Zutaten für die Füllung, je nach Lust, Laune und Verfügbarkeit:

I TL Rum
etwas abgeriebene Zitronenschale
I/4 TL gemahlener Zimt
I EL gemahlene Mandeln
I TL Rosinen, evtl. in Rum eingeweicht

Aber das sind alles luxuriöse Extras, die nicht wirklich sein müssen. Ganz pur schmecken die Apfeltaschen auch prima.

Tipp 2

Wenn wirklich kein Teigroller im Haus ist (eine Investition, die sich auf Dauer lohnt, im Kaufhaus kosten Teigroller ab ca. 5 Euro, auf Flohmärkten sollten sie für 50 Cent zu finden sein), geht es zur Not auch mit einer Flasche. Die muss natürlich ganz sauber sein, und es darf auch kein Etikett mehr daran kleben. Ideal sind Weinflaschen im »Bordeaux«-Format, das sind die, die ganz gerade aufwärts streben und sich erst knapp unter der Öffnung verjüngen. Wie gesagt, es ist eine Notlösung.

Tipp 3

Wenn Sie öfter backen, ist der Kauf von Backpapier hilfreich. Eine Packung kostet zwischen 1,00 und 1,50 Euro, jedes Blatt kann mehrfach benutzt werden. Sie sparen sich das Fetten des Blechs – vor allem aber ersparen Sie sich den Frust, wenn das fertige Gebäck trotz Einfettens stur am Blech festklebt.

Tipp 4

Vorheizen ist entbehrlich bei Umluft und ebenso, wenn Sie einen jener Mini-Backöfen haben – gibt es in Kaufhäusern ab ca. 30 Euro –, die wie der Teufel einheizen.

V Gebackene Teigtaschen
mit Radieschenblätter-Frischkäse-Füllung

Klingt schräg, schmeckt toll! Und bei knappem Budget ist es natürlich sehr willkommen, wenn die Radieschen sich doppelt nützlich machen.

6 Stück

Quark-Öl-Teig:
100 g Magerquark
200 g Mehl + etwas Mehl zum Verarbeiten
1/2 TL Backpulver
4 EL Öl
4 EL Milch
1/4 TL Salz

Radieschenblätter-Füllung:
Blätter von 1 Bund Radieschen
75 g Doppelrahmfrischkäse
1 Knoblauchzehe
2 EL geriebener Käse
Salz, Pfeffer

Utensilien:
Teigroller (Nudelholz)
wenn möglich: Backpapier

Gesamtkosten etwa 2,30 €

Die Radieschenblätter waschen und in einem Sieb gut abtropfen lassen.

Für den Teig Mehl mit Backpulver mischen und dann alle weiteren Zutaten dazugeben. Anfangs mit einer Gabel vermengen, anschließend mit den Händen weiterkneten. Der Teig soll geschmeidig sein, dabei fest genug, dass er sich gut ausrollen lässt. Den Teig zudecken.

Den Knoblauch durch die Presse drücken oder sehr fein hacken. Die Radieschenblätter fein hacken und mit Frischkäse, Knoblauch und geriebenem Käse gründlich vermengen, mit Salz und

Pfeffer abschmecken. Die Masse sollte relativ fest sein.

Auf die saubere Arbeitsfläche etwas Mehl streuen, den Teig darauf legen, ebenfalls mit Mehl bestreuen und zu einem Rechteck ausrollen.

Den Backofen auf 200 (Umluft 180) Grad C vorheizen. Ein Backblech mit Backpapier auslegen oder gut mit Öl bestreichen.

Den Teig in 6 Rechtecke schneiden. Mit dem Teigroller nochmal einmal über jedes Rechteck rollen. Jeweils einen Löffel Füllung so auf ein Teigstück setzen, dass das halbe Teigstück ganz freibleibt und um die Füllung herum mindestens 1 cm Rand frei ist. In der freien Teighälfte 3 oder 4 kleine Einschnitte anbringen (durch die beim Backen der Dampf entweichen kann), über die Füllung klappen. Eine Gabel in die Mehltüte tauchen und mit den Zinken die 3 offenen Seiten zusammendrücken. So halten die Teigtaschen dicht – außredem entsteht ein hübsches umlaufendes Muster.

Die Teigtaschen aufs Blech setzen und etwa 20 Minuten backen, bis sie hell-goldbraun sind.

Die Teigtaschen schmecken frisch und warm aus dem Ofen super, sind aber auch kalt am nächsten Tag noch lecker.

Tipp 1

Radieschen unbedingt immer sofort nach dem Kauf von den Blättern befreien – auch wenn Sie die Blätter nicht verwerten wollen. Sie entziehen nämlich den Radieschen Saft und lassen die kleinen Knollen schneller welken.

Tipp 2 – Teigreste zu Grissini

Wenn die ausgerollte Teigplatte allzu krumm und ausgefranst ist: Schneiden Sie sie zurecht, kneten die Reste nochmal zusammen und rollen sie dünn aus. Schneiden Sie den Teig in schmale Streifen und backen sie in wenigen Minuten knusprig goldbraun. Achtung: Die Stangen sind viel schneller fertig als die Teigtaschen, also nicht gemeinsam aufs Blech legen. Wer mag, bestreut die Stangen vor dem Backen wahlweise mit Kümmel, Paprika, Rosmarin oder etwas Käse.

Schweinegeschnetzeltes

2 Portionen

1 Schweineschnitzel ca. 130-150 g
1 kleine (oder eine halbe) Paprikaschote
1 Zwiebel
1 Knoblauchzehe
1 EL Öl
1/2 Becher Schmand oder Saure Sahne
1 EL Senf
Salz, Pfeffer
Gesamtkosten etwa 3,70 €

Fleisch und Paprika in schmale Streifen, Zwiebel und Knoblauch in Würfelchen schneiden. Öl in einer Pfanne erhitzen und zuerst das Fleisch 5 Minuten von allen Seiten anbräunen, dann die Hitze reduzieren und das vorbereitete Gemüse einige Minuten mitdünsten.

Senf und Schmand unterrühren. (Sollte zufällig gerade eine offene Flasche Weißwein in Reichweite sein, gönnen Sie dem Geschnetzelten einen Schluck.) Mit Salz und Pfeffer abschmecken.

Dazu gibt es traditionell Reis. Salzkartoffeln oder Bandnudeln passen aber ebenfalls.

Beim Reiskochen gibt zwei Fraktionen: Die einen kalkulieren die Wassermenge so präzise, dass sie – bei Gelingen – komplett vom Reis aufgesogen wird und der Reis sich genau in dem Moment, da das Wasser alle ist, perfekt locker und körnig präsentiert.

Die anderen hoffen gar nicht erst auf soviel glücklichen Zufall, sondern kochen den Reis in reichlich Salzwasser, probieren nach 10 Minuten erstmal ein Körnchen, kurz darauf ein weiteres, und sobald der Reis genau die gewünschte Konsistenz hat, gießen sie ihn, der jetzt garantiert so ist, wie er sein soll, in ein Sieb. (Ja, ich gehöre zur zweiten Gruppe.)

V Rote-Bete-Suppe

Nach diesem Rezept können Sie Gemüse aller Art zu Suppe verarbeiten. Schmeckt immer – und am besten natürlich mit Ihrem Lieblingsgemüse!

2 Portionen

1 mittelgroße Rote-Bete-Knolle, ca. 150 g
1 kleine (oder eine halbe) Zwiebel
1 EL Butter
1 mittelgroße Kartoffel
1 Brühwürfel
1/4 TL Kümmel
Salz, Pfeffer
1-2 EL Saure Sahne (oder süße Sahne oder Crème fraîche)
wenn vorhanden: 1 EL gehackte Kräuter, z.B. Schnittlauchröllchen,
Dillspitzen, Petersilie oder Kerbel
Gesamtkosten etwa 0,80 €

Rote Bete und Kartoffel schälen und in Würfel schneiden. (Das erledigen Sie am besten über der Spüle, damit die intensiv roten Spritzer dort bleiben, wo sie keinen Schaden anrichten. Damit die Hände vorzeigbar bleiben, empfiehlt es sich, zum Schälen Gummihandschuhe überzuziehen.) Zwiebel grob hacken.

Butter in einem Topf zerlassen und die Zwiebel darin bei milder Hitze dünsten, bis sie glasig sind. Gemüsewürfel, Kümmel und Brühwürfel kurz mitdünsten, mit 600 ml Wasser aufgießen. Kochen, bis die Rote-Bete-Würfel weich sind, das kann 20-30 Minuten dauern.

Den Topf vom Herd nehmen und die Suppe mit dem Mixstab pürieren. Mit Salz und Pfeffer abschmecken.

Mit einem Klacks Saurer Sahne servieren, evtl. mit Kräutern garnieren.

V Reissalat mit Tomate

Perfekte Resteverwertung und vor allem im Sommer ein angenehm leichtes kaltes Hauptgericht, das sich vielfältig variieren lässt, je nachdem, was der Kühlschrank gerade hergibt.

Grundrezept 1 Portion

1 Schale gekochter Reis (Rohgewicht ca. 60 g)
1 kleine Tomate oder 2-3 Kirschtomaten
1 Stückchen Salatgurke
1 Frühlingszwiebel
1 EL Öl
1 TL Zitronensaft oder Essig
Salz, Pfeffer
Gesamtkosten etwa 0,80 €

Tomate(n) und Gurke fein würfeln, Frühlingszwiebel in feine Ringe schneiden. Alles mit dem Reis vermischen und mit Öl, Zitrone, Salz und Pfeffer anmachen.

Varianten

Diese einfache Grundversion schmeckt schon gar nicht übel. Wenn Sie es gern etwas reichhaltiger möchten, können Sie das Rezept nach Belieben ergänzen. Besonders passend:

1 TL Kapern
feine Streifen von gekochtem Schinken
1 EL kleine schwarze Oliven
1 hartgekochtes Ei, längs in Achtel geschnitten
2 EL gekochte grüne Erbsen
in sehr feine Ringe geschnittene Pepperoni
in dünne Streifen oder feine Würfel geschnittene Paprika

V Käsekrapfen

Die herzhaften Mini-Windbeutel schmecken köstlich und machen als Mitbringsel oder wenn Sie sie Gästen anbieten, richtig was her.

Etwa 50 Stück

125 ml Milch
100 g Butter
100 g Mehl
3 Eier
50 g geriebener Käse
Salz
Gesamtkosten etwa 2,10 €

Den Brandteig herstellen: Die Milch mit 125 ml Wasser mischen und mit der Butter in einer Stielkasserolle aufkochen. Den Topf vom Herd nehmen und das Mehl sowie eine Prise Salz auf einmal dazuschütten. Mit einem Holzlöffel rühren, bis ein glatter Teigklumpen entstanden ist.

Ein Ei über dem Teig aufschlagen und gut unterrühren. Erst wenn das Ei vollständig vom Teig aufgenommen ist, das zweite Ei hinzufügen. Ebenfalls gründlich untermischen, bevor Sie das dritte Ei dazugeben. Den geriebenen Käse mit dem Teig vermengen.

Den Backofen auf 180 Grad C vorheizen.

Ein Backblech mit Backpapier auslegen und mit etwas Abstand (weil der Teig beim Backen aufgeht) kirschgroße Häufchen daraufsetzen.

In etwa 20 Minuten goldgelb backen. Bitte dabeibleiben und kontrollieren – manchmal geht es schneller, als man denkt.

Hackfleischragout

Eine Zwiebel, ein wenig Hackfleisch und Tomate (zur Not tut es auch Tomatenmark, wenn sonst nichts da ist), mehr brauchen Sie kaum für ein Hackfleischragout, das vielseitig einsetzbar ist. Teilen Sie die Portion in zwei Hälften und essen die eine zu persischem Reis (nächste Seite) und die andere am nächsten mit Gemüse überbacken (übernächste Seite).

2 Portionen
100 g Hackfleisch
1 Zwiebel
1 Knoblauchzehe
1 EL Öl
etwas kleingeschnittene Tomate (z.B. 4 Kirschtomaten oder 1 normale Tomate oder 1 Dosentomate oder 2 EL Tomatenmark, mit 3 EL Wasser verrührt)
1 TL Kräutermischung
Salz, Pfeffer
Gesamtkosten etwa 1,30 €

Zwiebel fein, Knoblauch grob würfeln und in Öl andünsten. Das Fleisch mitbraten und dabei mit dem Kochlöffel gut zerdrücken. Wenn das Fleisch durchgebraten ist, Tomate und Kräuter hinzufügen, salzen und pfeffern. 5 Minuten köcheln lassen, dabei immer wieder umrühren. Falls die Masse recht trocken ist, ganz wenig Wasser (oder Brühe) dazugießen.

V Persischer Reis mit Gurken-Minze-Joghurt

Ist eigentlich als Beilage zu Fleischragout gedacht, schmeckt aber auch ohne Fleisch super.

1 große oder 2 kleine Portionen

Gurken-Minze-Joghurt:
1/4 Salatgurke
100 g Joghurt
1 Minze-Teebeutel

Gebratener Reis:
150 g Langkornreis
25 g Butter

Salz

Gesamtkosten etwa 1,00 €

Die Gurke fein würfeln, mit Joghurt verrühren. Dem Teebeutel etwa ein Viertel der Minze entnehmen und zum Joghurt geben, indem Sie sie zwischen den Händen zerreiben. Mit Salz abschmecken.

Den Reis in reichlich Salzwasser garkochen, in ein feinmaschiges Sieb gießen und mit kaltem Wasser spülen, bis das Wasser klar bleibt. Gut abtropfen lassen.

In einem Topf die Butter schmelzen, den Reis einfüllen. Mit einem Kochlöffelstiel ein Loch in der Mitte bohren – so entsteht ein Kamin, durch den der Dampf entweichen kann. Den Topfdeckel mit einem sauberen Geschirrtuch umwickeln und aufsetzen. (Das Tuch nimmt den aufsteigenden Dampf auf und verhindert, dass er als Kondenswasser wieder herabtropft und den Reis matschig macht).

Bei schwacher Hitze etwa 10-15 Minuten brutzeln lassen, dabei bildet sich eine wunderschöne goldgelbe, knusprige Kruste.

Angeblich ist der Reis dann perfekt, wenn der Topf bei Berührung mit einem angefeuchteten Finger zischt. Das funktioniert aber nur bei dünnwandigen Töpfen. Bei dicken Email-Töpfen würde ich nicht darauf bauen.

V Überbackener Sellerie

Ideal, wenn Sie vom Hackfleischragout noch die Hälfte übrig haben.

1 Portion

1/4 Sellerieknolle
1 TL Öl
Salz, Pfeffer
1/2 Portion Hackfleischragout (S. 217)
30 g geriebener Käse
Gesamtkosten etwa 1,50 €

Den Backofen auf 180 Grad C vorheizen.

Eine Auflaufform (es kann auch ein Topf mit Metallgriffen sein) mit Öl fetten. Den Sellerie in dünne Scheibchen hobeln und in die Form legen, leicht salzen und pfeffern. Das Ragout auf dem Sellerie verteilen, den geriebenen Käse darüberstreuen.

Etwa 15 Minuten überbacken.

V Spinatnudeln

Für dieses Gericht habe ich tiefgekühlten Spinat verwendet, der für
1,39 Euro die 450-Gramm-Packung im Angebot war. Für eine großzügige Portion reichen 150 Gramm. Das Praktische am Tiefkühl-
spinat: Er lässt sich gut portionieren. Sie brauchen allerdings ein
Tiefkühlfach, um den Rest aufzubewahren.

1 Portion

150 g TK-Spinat
1 Knoblauchzehe
1 TL Butter
100 g Spaghetti
50 ml Sahne
Salz, Pfeffer
Gesamtkosten etwa 0,95 €

Spinat auftauen lassen. Spaghetti in Salzwasser garen, in ein Sieb
abgießen und kurz mit kaltem Wasser abschrecken.

Knoblauch häuten, würfeln und bei milder Hitze in der Butter andünsten. Den Spinat und die Sahne dazugeben, 2 Minuten köcheln
lassen. Mit Salz behutsam, mit Pfeffer kräftig würzen.

Die Nudeln in der Spinatsahne nochmal kurz erhitzen, fertig.

V Holunderblütenlimonade

Keinesfalls verpassen, wenn Anfang Juni der Holunder in voller Blüte steht. Pflücken Sie, beispielsweise in öffentlichen Parks, ein paar der duftenden weißen Blütendolden und setzen Sie diese ebenso schlichte wie köstliche (und absolut gästetaugliche) Limonade an.

1,5 Liter

2-3 schöne Holunderblütendolden
1 Zitrone
1-2 EL Zucker
Gesamtkosten etwa 0,30 €

Die Zitrone ausquetschen und den Saft in einer großen Karaffe mit etwas Zucker verrühren. Mit etwa eineinhalb Liter Wasser aufgießen. Die vorsichtig abgespülten Blütendolden darin einige Stunden, am besten über Nacht, ziehen lassen, fertig.

Inhalt

Das Beste für alle 6

Frühjahr 2009 8

Gestatten 12

1. Tag Der Großeinkauf 14

Thilo Sarrazin und sein Hartz-IV-Speiseplan 20

2. Tag Natur zum Nulltarif 26

3. Tag Gute Kundin, schlechte Kundin? 29

Verbände und Siegel – die Bio-Klassengesellschaft 31

4. Tag Champagner im Angebot 35

5. Tag Geburtstag 41

6. Tag Verschämt im Buchladen 44

7. Tag Die Vermessung der Makrele 46

8. Tag Besuch beim Discounter, Episode I 50

Kinder sollen Bio essen – Hilfsprojekte kurz vorgestellt 51

Einladen 57

9. Tag Muttertag 59

10. Tag Harte Kiwis, riesige Kohlrabi 61

Bloß nichts verkommen lassen 65

11. Tag Mühsam ernährt sich 66

12. Tag Kassensturz 68

13. Tag Omas kulinarische Prinzipien 70

Grundeinkommen für alle statt Hartz IV 75

14. Tag Back-Malheur 76

15. Tag Discounter Teil II 79

Kassenzettelkontrolle 81

Kochen lernen? Schmecken lernen! 85

16. Tag Kaufrausch in der Bahnhofs-Buchhandlung,
         französische Spar-Cuisine 87

17. Tag Der Millirahmstrudel 91

Die besten günstigen Lebensmittel 94

18. Tag Frühstück mit Hindernissen 99

19. Tag Auf dem Wochenmarkt 103

Das Nötigste für Ihre Küche 105

Zeit oder Geld 107

20. Tag Himmlisches Eis, köstliche Ravioli –
    und eine total versaute Bilanz 109

21. Tag Außer Haus, außer der Reihe 112

22. Tag Lebensmittel auf dem Müll 113

Regional konsumieren – das Beste für die Umwelt!
Oder etwa nicht? 115

23. Tag Backspaß 116

Tauschbörsen für Dienstleistungen 117

24. Tag Luxus Fahrrad 121

25. Tag Backspaß, 2. Teil 125

26. Tag Miezenfrühstück und Picknick auf der Parkbank 128

27. Tag Aber bitte mit Sahne 132

28. Tag Käsekrapfen für die Party 136

29. Tag Ein unmoralisches Sonderangebot 138

30. Tag Kulinarische Sonntagspredigt 144

31. Tag Bio-Eis im Biergarten 146

32. Tag Das Leben geht weiter 148

33. Tag Haberfeldtreiben 151

34. Tag Preissenkungs-Tsunami 154

35. Tag Überflüssige Erdnüsse 155

36. Tag Kleine Seitensprünge 156

37. Tag Sommer in der Stadt 157

Fazit 158

Gutes Essen für alle! 160

Die Rezepte

Apfeltaschen 208

Bananenquark 173

Belegte Brote 169

Blaukraut (Rotkohl) mit Apfel und Zwiebel 167

Bratkartoffeln 183

Butterplätzchen 172

Chapati – in der Pfanne gebackenes Fladenbrot 182

Eier in Senfsauce 185

Frisch gemachte Mayonnaise 180

Gebackene Teigtaschen mit Radieschenblätter-Frischkäse-Füllung 211

Gurkensalat mit Joghurt-Dressing 163

Hackfleisch-Ragout 217

Hackfleischsauce für Nudeln 168

Hackfleisch-Weißkohl-Eintopf 178

Haferkekse, karamellisierte 189

Hefefladen, kleine, in der Pfanne gebacken 190

Holunderblütenlimonade 221

Käsekrapfen 216

Karamellisierte Haferkekse 189

Karotten-Kartoffel-Stampf 205

Karottensuppe mit Reis – Potage Crécy 196

Karottensalat aus gekochten Karotten 203

Kartoffel-Lauch-Suppe 206

Kartoffelpüree 186

Kartoffelsalat mit Bergkäse und Paprikawurst 188

Kleine Hefefladen, in der Pfanne gebacken 190

Kohlrabisalat 179

Kohlrabi-Schnitzel 181

Krautfleckerl 177

Krautsalat mit Sahnesauce 191

Linsen-Kartoffel-Salat mit Paprikawurst 193

Linsensalat Grundrezept 194

Linsensuppe 174

Matjessalat 197

Mayonnaise, frisch gemacht 180

Mü(e)sli 165

Nudeln, selbstgemacht 176

Nudelsuppe mit Karotte 192

Omelett mit Kräutern 170

Persischer Reis mit Gurken-Minze-Joghurt 218

Pfannkuchen 187

Potage Crécy – Karottensuppe mit Reis 196

Ravioli mit brauner Zwiebelfüllung 199

Reissalat mit Tomate 215

Rote-Bete-Suppe 214

Rotkohl (Blaukraut) mit Apfel und Zwiebel 167

Rotkohl-Nudel-Auflauf 171

Rührei 162

Salat aus gekochten Karotten 198

Schnittlauchquark 164

Schokoplatzchen, weiche 202

Schweinegeschnetzeltes 213

Selbstgemachte Nudeln 176

Spinatnudeln 220

Teigtaschen, gebackene, mit Radieschenblätter-Frischkäse-Füllung 211

Tomaten-Champignon-Salat 201

Tomatensauce 175

Weiche Schokoplätzchen 202

Überbackener Sellerie 219

Dass es möglich ist, sich auch mit sehr wenig Geld ökologisch zu ernähren, beweist »Arm aber Bio! Ein Selbstversuch«.

»Arm aber Bio! Das Kochbuch. Feine Öko-Küche für wenig Geld« legt nach: mit 118 Rezepten für alle Tages- und Jahreszeiten.

Leckere Brotaufstriche von Avocadosahne bis Schafkäse-Basilikum-Aufstrich. Suppen für alle Jahreszeiten: von der sommerlichen Gazpacho bis zur wärmenden scharfen Sauerkrautsuppe. Zahlreiche vegetarische Hauptspeisen, zum Beispiel Krautstrudel mit Schnittlauchjoghurt (0,80 € pro Portion), Spaghetti mit Avocado (1 €), Rosenkohl-Kartoffel-Auflauf mit Schafkäse (2 €). Süßes: Kokosreis mit Zimtapfel (1 €), Pudding von dunkler Schokolade (0,30 €). Teuerstes Gericht – mit 2,50 € pro Person – ist ein Hühnchen-Curry. Das Kochbuch bedient zwar auch die Lust auf Fisch, Fleisch und Geflügel – die weitaus meisten Rezepte allerdings sind vegetarisch oder vegan.

Rosa Wolff

Arm aber Bio! Das Kochbuch

Feine Öko-Küche für wenig Geld

Edition Butterbrot

Rosa Wolff: Arm aber Bio! Das Kochbuch. Feine Öko-Küche für wenig Geld. Edition Butterbrot München, 11,95 €. ISBN 978-3-9813469-1-6

»Arm aber Bio! Das Kochbuch« finden Sie bei Ihrem Buchhändler oder unter www.armaberbio.de

Foto: Wolfgang Maria Weber

Rosa Wolff: Eigentlich bin ich überhaupt nicht der sparsame Typ, ganz im Gegenteil. Da ich aber einerseits als Freiberuflerin und lange Zeit alleinerziehende Mutter mit finanziellen Engpässen bestens vertraut bin und andererseits Kochen schon immer meine Leidenschaft war, habe ich in einem wirklich Übung: gut kochen für wenig Geld.